Modern
FRENCH
Grammar
WORKBOOK

Second Edition

Routledge Modern Grammars

Series concept and development – Sarah Butler

Other books in series:

Modern French Grammar, Second Edition by Margaret Lang and Isabelle Perez
ISBN: HB 0–415–33482–9; PB 0–415–33162–5

Modern German Grammar, Second Edition
Modern Italian Grammar
Modern Spanish Grammar, Second Edition

Modern German Grammar Workbook, Second Edition
Modern Italian Grammar Workbook
Modern Spanish Grammar, Second Edition

Modern FRENCH Grammar WORKBOOK

Second Edition

Margaret Lang

and Isabelle

Routledge
Taylor & Francis Group

LONDON AND NEW YORK

First published 1997
by Routledge
This edition first published 2004
by Routledge
2 Park Square, Milton Park, Abingdon, Oxon OX14 4RN

Simultaneously published in the USA and Canada
by Routledge
270 Madison Ave, New York, NY 10016

Routledge is an imprint of the Taylor & Francis Group

© 2004 Margaret Lang and Isabelle Perez

Typeset in Stone Serif by RefineCatch Limited, Bungay, Suffolk
Printed and bound in Great Britain by TJ International Ltd, Padstow, Cornwall

British Library Cataloguing in Publication Data
A catalogue record for this book is available from the British Library

Library of Congress Cataloging in Publication Data
A catalogue record is not needed for this title as it is expendable educational material

ISBN 0–415–331–633

Contents

Acknowledgements

The authors would like to thank the following for their permission to reproduce extracts from copyright material: *L'Evénement du jeudi* no. 560, 27.7–2.8.95 (p. 41 ex.81); Office des publications officielles des Communautés Européennes for *Le Marché unique européen, L'Europe en mouvement* (p. 5 ex.5) and *Notre Avenir agricole* (pp. 34–5 ex.73), Luxembourg 1993; also for Eurobaromètre 40 in *L'Intégration européenne*, 'Les Origines et la croissance de l'UE' (p. 46 ex.91), Luxembourg 1995; *La Communauté Européenne – 1992 et au-delà* (p. 65 ex.135), Luxembourg 1991; La Recherche socio-économique (p. 35 ex.74), Luxembourg 2002; L'Aéronautique en Europe (p. 35 ex.74), Luxembourg 2002; Surveillance planétaire de la sûreté environnementale (p. 36 ex.74), Luxembourg 2003; *Journal Officiel des Communautés Européennes* for Débats du Parlement européen 18.11.93 (p. 5 ex.6); Ambassade de France à Londres for 'France, A journalist's guide 1995', 6th edition (pp. 48–9 ex.97); Fédération des Associations Françaises en Grande-Bretagne for *Français de Grande-Bretagne*, Eté 1995 (pp. 15–16 ex.27); © 1994 by Matt Groening. All rights reserved. Reprinted by permission of HarperPerennial (pp. 51–2 ex.103); PSA Peugeot Citroën for *Rapports annuels* 1991 and 1994 (p. 64 exs 129/130); C. Guiat, Heriot-Watt University, Edinburgh 1996 (p. 65 ex.133).

Introduction

This workbook is designed to provide practice in the essentials of French grammar and in the application of grammar to functions. It will be of use to the student in the final year of school and the student in first, second and final years of higher education. Intermediate and advanced learners will find much that is useful for extending their knowledge of French, and for revision. Written initially as a companion volume to *Modern French Grammar*, the workbook has developed independently of its sister volume and can be used successfully on its own. It contains a key, which will enable students to work by themselves. The order of functions in this workbook follows closely the order of functions in *Modern French Grammar*. It is recommended, therefore, that reference should be made to *Modern French Grammar* for guidance on both grammar structures and functions.

Functions

Modern French Grammar is a functional grammar, that is, it demonstrates how to do things with language in order to communicate successfully. The functional categories are identified, very broadly, as **exposition**, **attitude** and **argumentation**. Exposition involves reference to people, things and places; narrating events in a sequence; reporting what we, or other people, say or think. Attitude involves the personal, subjective part of language which is evident when we are expressing our feelings, when we are reacting to someone or something. Argumentation, finally, is a broad function including planning and structuring what we say or write, involving the use of language to influence people in some way – for example, when we agree or disagree, concede a point, correct or protest, suggest or persuade, when we talk about what we want to do or what we want other people to do, when we express doubt or opposition . . .

Forms and functions

It is not always desirable, or even possible, to attach a form to a function, or a function to a form. For one thing, there is seldom an exclusive link between the two. But, in many cases, it *is* possible to identify a correspondence between the form and the function, for example, adjectives and describing, *si* clauses and the expression of conditions/possibility.

Exercises, contexts, vocabulary and key

We have given a very wide range of exercises and a very wide range of contemporary contexts. We encourage both written and oral responses, involving vocabulary that is in frequent use and vocabulary which we consider will be a useful addition to students' resources. For the grammar exercises complete answers are provided, for the functions we provide *guidelines* (suggested answers), and we would encourage flexibility in students' responses. In these suggested answers, care has been taken to guide and assist the user.

To the teacher

This workbook is intended for intermediate and advanced learners in schools and for undergraduates. Students may work individually, in pairs or groups, in class and at home. There is a key which will facilitate whichever of these learning situations is in practice. The workbook contains exercises in grammar structures and in functions. Each exercise is classified in terms of level: (*) basic, (**) intermediate, (***) advanced.

Practice in grammar structures includes gap-filling, but, instead of focusing on the same or on a limited number of forms in one exercise, for example, the basic trio **qui, que, dont** only, we have extended the range to include prepositions + relative pronouns; or in the case of tense usage, we have ensured that either a range of tenses is practised in one exercise, or that the context has to be understood before a decision on tense choice can be made.

Transformation exercises include the changing of direct to indirect speech; active to passive moods; and infinitives to imperatives.

Practice with forms is also included, involving, for example, giving singular and plural forms; forming adverbs from adjectives; making sure that subject and verb agree; and using negative forms.

We have attempted to ensure that exercises require attention to one or more of the following: context, collocation and register, and to oral and written forms.

Revision exercises involve practice of several grammar structures, and we have included passages for translation involving practice in all the grammar structures.

You will find some of the exercises ideal for your French assistant/s to use.

Practice in functions is distinguished from practice in grammar structures in the high level of contextualisation which has been a guiding principle throughout the preparation of the book. Each function exercise has a context or setting such as social, business, educational. Within these contexts, students are asked to describe people, things or places; introduce people to each other; give directions; express feelings; argue a case; express opposition; link statements logically; structure text, and so on.

In order to practise the functions, many innovative exercises have been created in which students may be asked to respond or react to a controversial statement; assume one of the roles in a dialogue; negotiate a pay rise; write a notice or advertisement; identify several functions of a grammar structure; state conditions or hypotheses; correct statements or views; or develop a full, coherent text from notes.

In addition, there are more familiar forms of exercises involving gap-filling, problem-solving, comparing and contrasting.

Frequently, in the function exercises there is an explicit request for a written or oral answer. Where the instruction does not specify one or the other, we recommend that either, or both, may be practised.

To the student

In this book you will have an opportunity to practise a range of grammar forms and functions. French grammar really does have a purpose and it does need to be accurate. Accuracy is the hallmark of a competent and committed user of French.

As far as the functions go – and by functions in language we mean the things you need language to do for you – we have classified them to cover most of the functions you will need when you are living in France, speaking or writing to French people, conducting business transactions with them, and so on. Of course, if you can do these with the French you will also be able to do them with the Belgians, the Swiss, the Canadians. . . .

You need the grammar structures and you need the functions; they are inseparable and they are both very, very useful. The number of each exercise is followed by*, **, or ***. These asterisks indicate whether the exercise is basic (*), intermediate (**), or advanced (***). You can start by working through all the basic exercises, continue at your own pace through the intermediate exercises, and finally move on to the advanced ones.

There is a key to the exercises, so that you can work by yourself – you do not have to be in the classroom. But, you will need your teacher for explanations: your questions reflect your individual needs, and your teacher can help you here. The key is provided as a guide only: there is seldom one single answer that is the only correct one in a language in use. Where a complete answer is not given, this is because we are asking you to use your own resources and knowledge – and you have much more French than you think.

You will find a wide variety of exercises in this book. Enjoy yourselves!

Section A

Structures

The noun group

This exercise practises articles.

(i) Write the following sentences in the singular:

1 Les étudiantes étaient ravies des résultats de leurs examens.
2 Ils sont allés chercher des dictionnaires d'italien.
3 On a trouvé des profs en train de discuter des films de Tavernier.
4 Y avait-il des bouteilles de vin sur leurs bureaux?

(ii) Make the following sentences plural:

Example: **Elle s'est servie d'une nouvelle recette.** > **Elles se sont servies de nouvelles recettes.**

1 Il a oublié d'obtenir un double de son permis de conduire.
2 Il se souvient du numéro de téléphone.
3 Elle a appliqué cette méthode à son entreprise.
4 Je m'occupe du chien de mon beau-frère quand il est en France.
5 C'était une prof sympathique.
6 Elle a mangé un petit pois; elle en est malade!
7 Y a-t-il un nouveau film au Centre Pompidou cette semaine?
8 Elle a un petit ami français.
9 Je réponds toujours immédiatement à une lettre de réclamation.
10 Elle a emprunté un livre à la bibliothèque.
11 Je me suis trompé de nom.
12 Cette bicyclette appartient au petit garçon.
13 Le gouvernement au pouvoir a des préjugés contre la famille monoparentale.
14 Un bénévole ne tardera pas à venir.
15 Sa table sert de bureau.

This exercise practises articles.

Fill in the gaps in the following sentences. Remember: there are contracted forms of the articles when they are preceded by **à** or **de**.

1 Il va _____ Paris _____ printemps, et _____ campagne _____ mois de septembre.
2 As-tu vu les pyramides _____ Egypte?
3 Non, mais j'observe toujours une minute _____ silence avant de manger!
4 Elle s'est rendue _____ travail, et lui est allé _____ école pour trouver son livre _____ anglais.

5 C'est une dame ravissante, _____ cheveux blonds et _____ la silhouette sensationnelle. Dommage qu'elle soit si désagréable, une vraie mégère _____ voix stridente et _____ idées étroites!

6 Il faut faire réparer le toit _____ maison.

7 Y a-t-il eu _____ pluie?

8 Non, mais il y a eu _____ vent.

9 Que penses-tu _____ gouvernement _____ France?

10 Pas grand'chose, mais je prendrai volontiers _____ verre.

11 Tu veux _____ bière, _____ eau, ou _____ vin?

12 Nous, on ne boit jamais _____ vin.

13 Moi, je ne veux pas _____ vin mais _____ eau.

14 Tu es l'étudiante préférée _____ prof!

15 Cette péninsule _____ 1362 km _____ long et _____ 376 km _____ large jouit _____ impressionnante diversité _____ milieux naturels, et aussi _____ flore très riche. Elle partage ses frontières avec _____ Syrie, et _____ Grèce. On y trouve tout: _____ montagnes, surtout _____ centre et _____ est, _____ plateaux, _____ plaines, et aussi _____ très belles plages.

3 * Use **à**, **au**, **à l'**, **à la**, **aux**, **avec**, and **avoir** and **être**, to make sentences with the following words and phrases:

1 ma voisine/la trentaine/cheveux châtain clair/yeux verts immenses/grande/taille fine/toujours souriante/serviable et généreuse/clerc de notaire

2 le directeur du supermarché/pas très grand/barbe abondante et petites lunettes rondes/cheveu rare et oreilles décollées/prétentieux et agressif

3 Now describe your lecturer, and submit your work for assessment.

4 */* Insert the appropriate possessive pronouns or adjectives, or definite articles, in the following sentences:

1 Pour se reposer _____ yeux, il faut glisser sous _____ nuque une serviette roulée, poser une compresse sur _____ yeux et faire le vide dans _____ tête pendant dix minutes. Un autre bon moyen de se relaxer consiste à se masser _____ pieds.

2 Il paraît que nous utilisons à peine 20% de _____ capacités pulmonaires. En outre, sous l'emprise du stress, _____ muscles se contractent, _____ dos se raidit et nous gaspillons de l'énergie inutilement.

3 Vous devez prendre du recul par rapport à _____ activité professionnelle et parfois, laisser tomber _____ problèmes sur lesquels vous ne pouvez pas agir. Acceptez également que _____ enfants passent par des moments où ils ne sont pas heureux et que ce n'est pas systématiquement _____ faute.

4 Les agences matrimoniales promettent à _____ clients de mieux poser _____ demande et surtout, de déterminer les caractères compatibles avec _____.

5 Inutile de continuer à me casser _____ oreilles, tu as _____ opinion et moi, _____!

6 Si vous êtes d'accord pour faire un échange, nous accueillerons _____ enfants en juillet et vous prendrez _____ (Patrick et Clara) en août.

7 Tu n'as vraiment aucune raison d'être déprimé: _____ filles réussissent brillamment et sont heureuses, _____ métier te passionne, _____ livres se vendent

bien, beaucoup mieux que _____; d'ailleurs, c'est plutôt moi qui devrais lever _____ bras au ciel en gémissant!

Now translate the examples into English.

5 ★ This exercise revises articles, pronouns, and demonstrative and possessive adjectives.

Complete the following text:

A côté de _____ intérêt pour _____ Europe, _____ Communauté a _____ liens traditionnels avec _____ voisins méditerranéens ainsi qu'avec _____ Tiers-Monde. _____ pays se tournent vers _____ pour _____ demander _____ coopération et _____ appui financier. _____ pression _____ immigrants en provenance _____ Sud et _____ Est pourrait mettre _____ épreuve _____ limites _____ hospitalité _____ Communauté.

(*Le Marché unique européen, L'Europe en mouvement* Office des Publications Officielles des Communautés Européennes, Luxembourg, 1993)

6 ★/★ This exercise practises relative pronouns.

Remember: there are simple forms **qui, que, dont, lequel, où,** and compound forms **ce qui** . . .

Fill in the appropriate relative pronouns and adjectives in the following text:

C'est une dictature _____ veut se maintenir à tout prix. Le régime a ratifié deux pactes internationaux relatifs aux droits de l'homme. Mais, entre _____ on signe et _____ on réalise il y a souvent un fossé. Le leader de notre parti, _____ est un homme habile et _____ on respecte beaucoup, a souvent fait des déclarations sur le respect des droits de l'homme. Eh bien! Ce sera la violation des droits de l'homme au sujet de _____ nous interviendrons à cette réunion. Notre groupe a toujours dénoncé toutes les formes de terrorisme, _____ que soit ce terrorisme, _____ que soient les victimes. Aussi invitons-nous la Communauté européenne à prendre des mesures _____ permettent d'assurer la sécurité du territoire _____ nos citoyens ont tellement besoin. Nous avons été fort déçus par la déclaration _____ on a entendue hier et _____ montre qu'en réalité nos pays ne sont pas prêts à assumer toutes leurs responsabilités. Nous demandons qu'une décision définitive au sujet de la date des élections soit prise de toute urgence. Mes chers collègues, c'est _____ nous demandons. Merci de votre attention!

(Parlement européen 18.11.93)

7 ★ Add a relative pronoun to the following sentences, and, where appropriate, a preposition or a prepositional phrase:

Example: **Certaines des questions . . . il fallait répondre étaient carrément insolubles. > Certaines des questions auxquelles il fallait répondre étaient carrément insolubles.**

1 Rapportez-nous les livres _____ nous vous avons prêtés.
2 La dame _____ il pense est morte il y a deux mois.
3 L'avocat _____ il avait demandé des conseils lui a envoyé d'abord une note à payer.
4 Le soupirail _____ nous nous sommes échappés a été fermé au verrou.
5 L'homme _____ tu as parlé si impoliment est ton nouveau chef de section.
6 Je suis marié à la fille de mon ancien professeur _____ je suis allé à l'école.
7 Montre-moi le sentier _____ tu es passé.

8 Le disque laser _____ mes frères ont écouté toute la nuit m'a rendu malade.

9 Le bruit court _____ nous allons avoir une énorme augmentation de salaire cette année!

8 * Put the phrases *in italics* into the appropriate place in the following sentences:

> Example: **La maison est charmante.** *où j'habite* > **La maison où j'habite est charmante.**

1 C'est un mot dans le dictionnaire. *qu'on ne trouve pas*
2 Les réponses n'étaient pas bonnes. *qu'elle a données*
3 L'étudiante est la plus belle de la classe. *dont je t'ai donné l'adresse et le numéro de téléphone*
4 Le médecin est un jeune homme très gentil et toujours très poli. *qui est venu ce matin*
5 Le prof nous a offert des conseils en ce qui concerne notre année en Angleterre. *que nous négligeons à tort*
6 Ce journal ne vaut pas le papier sur lequel il est écrit. *dont chaque page ne contient que des images.*

9 */* This exercise practises personal and emphatic pronouns.

(i) Replace the phrases *in italics* with one or more appropriate pronouns. Remember: pronouns have to be in their correct position in the sentence, and in their correct order.

> Example: **On n'a jamais raconté *des histoires comme ça aux enfants.* > On ne leur en a jamais raconté.**

1 Donne *le livre à l'étudiante!*
2 Elle essayait d'expliquer *sa panne de voiture aux mécaniciens.*
3 Doit-il aller *à la banque* aujourd'hui?
4 N'allez pas répéter *ces mots à la prof!*

(ii) Replace the words and phrases *in italics* with pronouns. Turn each sentence into a positive imperative and then make it a negative imperative.

> Example: **Vous emprunterez *de l'argent* pour acheter des billets. > Vous en emprunterez pour acheter des billets. > Empruntez-en pour acheter des billets./ N'en empruntez pas pour acheter des billets.**

1 Tu t'assieds.
2 Vous posez *des questions* maintenant.
3 Tu manges *du pâté.*
4 Vous vous brosserez *les dents* avant de vous coucher.
5 Nous nous arrêtons.
6 Tu donnes *ton numéro de téléphone à ton amie.*
7 Vous prendrez *vos impers.*
8 Tu demanderas *des conseils à tes profs.*

10 */* Each of the following pronouns has two different functions (see examples 1 and 2): **des siennes; les siens; la vôtre; la tienne; aux miens; du nôtre.** Write two sentences for each of them to demonstrate their different meanings.

Example: 1 **Le fils de Jacqueline a encore fait *des siennes* et il est viré de pécole pendant trois jours!**
2 **Elle n'a jamais voulu me rendre service; alors je veux bien arroser tes plantes vertes pendant les vacances, mais pas question de m'occuper *des siennes*!**

Now do the same with **la leur; les leur(s); le leur.**

Example: **Je n'ai plus de voiture, alors ils m'ont prêté *la leur*.**
Je *la leur* ai empruntée.

11 */* This exercise practises demonstrative adjectives.

Complete the following sentences with appropriate demonstrative adjectives. Remember: these adjectives may be simple (**ce, . . .**) or compound (**ce + noun + -ci** or **-là**).

Example: **Je déteste _____ exercice. Il est trop facile. > Je déteste cet exercice. Il est trop facile.**

1 On a vu _____ films _____ _____ été.
2 _____ amis ne m'accompagnent plus au théâtre.
3 Passez-nous _____ verres _____.
4 Ne lui posez jamais _____ question _____.
5 Berk! Quelles sont _____ odeurs répugnantes?
6 _____ paysages _____ me plaisent énormément.
7 Sers-toi de _____ autre livre. Ça facilitera la solution du problème.

12 */* This exercise practises demonstrative adjectives and pronouns.

Complete the following sentences. Check exercise 11 for a reminder of the forms of simple and compound demonstrative adjectives. Demonstrative pronouns may also be simple (**celui, . . .**) or compound (**celui-ci** or **celui-là, . . .** and **celui + qui, que** or **dont**). Don't forget the little group **ceci, cela, ça.**

1 C_____ entretien a eu lieu quand?
2 Alors, c_____ bébé, c_____ pousse?
3 C_____ homme _____ est le coupable.
4 C_____ hommes _____ étaient innocents.
5 Mes parents aimaient c_____ hôtel _____.
6 C_____ n'est pas moi qui ai commis c_____ erreur _____.
7 Quelles chaussures as-tu achetées? C_____ _____ tu parlais hier?
8 C_____, c_____ est à moi!
9 Tous c_____ _____ ne sont pas là feront la vaisselle demain.
10 C_____ serait étonnant qu'il ait fait ses devoirs!
11 Le vin, c_____ fait du bien!
12 C_____ n'a ni rime ni raison.
13 C_____ est simple comme bonjour.
14 C_____ se vend comme des petits pains.
15 De tous les crimes commis ces dernières années, c_____ _____ elle parle est le pire.
16 Ne montre pas c_____ photo; c_____ _____ tu as prise il y a deux ans.

17 C _____ est pour lui et c _____ sera pour elle.

18 C _____ films que j'ai vus en vacances ne sont pas c _____ _____ tu parles.

19 C _____ _____ je me souviens des noms recevront un préavis de la campagne de vente.

20 Quel appartement? C _____ d'en face.

21 A tes réussites passées et à c _____ à venir!

22 Nombreux sont c _____ _____ désirent avoir un lecteur de disques laser chez eux!

23 La loi du 30 juin 1983 sur l'égalité professionnelle entre les hommes et les femmes reconnaît à c _____ dernières l'accès à tous les métiers, ainsi que des conditions de recrutement, de travail et de rémunération identiques à c _____ des hommes. Hélas! La réalité est souvent différente!

24 Les Grandes Ecoles françaises sont carrément un club fermé! Beaucoup d'étudiants rêvent d'y être admis un jour. Pour c _____, ils doivent faire deux ans de préparation avant le concours destiné à sélectionner les meilleurs.

13 ⁎/⁎⁎ This exercise practises pronouns and other parts of speech.

(i) Rewrite the following text using the first person singular:

Depuis qu'elle est partie, elle n'arrive pas à se décider. Ces pieds! Est-elle plus à l'aise dans la chaussure gauche ou droite? Voilà une heure qu'elle marche et qu'elle ne regarde que ses pieds. Elle sait qu'avec ces chaussures Amini elle n'aura peut-être pas mal aux pieds, mais elle risque une sacrée migraine en les regardant toute la journée!

(ii) Rewrite the following text using the third person singular:

Voilà mon CV. Je voudrais poser ma candidature aux présidentielles et je dois donc avoir plus de 23 ans. Je suis dégagé de mes obligations militaires. Je n'ai jamais été condamné à la prison ni à un retrait de mes droits civils et politiques. Parfait! Ça y est! Hélas! Il me faut recueillir la signature de 500 élus dans 30 départements différents. Sans cela on pourrait croire que ma candidature est bizarre!

(iii) Would it make sense to write the above text in the feminine form? If not, why not?

(iv) Rewrite the following text using the first person plural:

Le vin, c'est pour moi une joie de vivre! Je trouve que c'est un élément indispensable dans ma vie. J'apprécie les bordeaux, les chablis, les vins de la vallée du Rhône. Après les dîners qui ont marqué mon vingt et unième anniversaire, je ne me souviens plus de ce que j'ai mangé mais je me souviendrai toute ma vie de ce que j'ai bu. Le vin ce jour-là, c'était comme un parfum exquis! Quand je l'ai senti je me suis arrêté de parler. C'était, pour moi, un très grand moment! A vrai dire, quand je bois un verre de vin je trouve qu'il n'y a pas de mots pour décrire mes émotions!

14 ⁎ This exercise practises indefinite pronouns and adverbs.

Complete the following sentences with an appropriate indefinite pronoun, or adverb (**quelqu'un, quelque chose, quelques-un(e)s, on, quelque part**). Some changes to other words may also be necessary.

1 Chut! J'entends _____ dans l'escalier.

2 _____ fait ce que _____ peut.

3 Qu'est-ce que _____ mange aujourd'hui?

4 Est-ce que _____ a vu mon professeur?

5 C'est _____ d'incroyable!

6 _____ ne fait pas d'omelette sans casser d'œufs.

7 Tu as _____ à ajouter?

8 Si _____ d'autre téléphone pendant mon absence, dites que je serai là cet après-midi.

9 _____ a tout notre temps.

10 _____ vous a prévenu. Ce produit lave plus blanc!

11 Elle a mangé presque tous les bonbons mais il en reste _____ .

12 _____ ne doit pas fumer dans ce restaurant!

13 Il va parler de _____ de ses pièces.

14 Où sont mes lunettes? Je les ai vues _____ .

15 Tu aimes les vins d'Alsace? Oui et non, mais je n'en connais que _____ qui sont buvables.

15 ⋆ This exercise practises **tout**: adjective, pronoun and adverb.

Say whether **tout** is an adjective, pronoun or adverb in the following sentences. Remember that adverbs are normally invariable, but when **tout** is an adverb it agrees in gender and number with the adjective following it – if the adjective is feminine and begins with a consonant.

1 Continuez tout droit, tout droit!

2 Tout ce qui reluit n'est pas or.

3 Mes chaussures sont toutes mouillées.

4 Les solutions possibles ont toutes été trouvées.

5 Ecrire en toutes lettres.

6 Parlez tout doucement!

7 Tout est bien qui finit bien.

8 Ma chère amie! Tu es toute bronzée!

9 Toute autre femme aurait protesté contre cette décision.

16 ⋆ This exercise practises **n'importe** (+ **qui**, **quoi**, **lequel**, **que**, **où**, **quand**, **comment**).

Complete the following sentences with an appropriate indefinite pronoun, adjective or adverb:

1 Il est vraiment stupide. Il dit n'importe _____.

2 N'hésitez pas à m'appeler n'importe _____, même la nuit.

3 Habillez-vous n'importe _____. Pas de cérémonie!

4 Les cours sont publics. N'importe _____ peut y assister.

5 Si on s'habille en conséquence, on peut sortir par n'importe _____ temps.

6 Ces jeunes gens jettent leurs ordures n'importe _____.

7 Tu veux emprunter une de mes vestes pour sortir ce soir? Prends n'importe _____!

17 ⋆/⋆ This exercise practises **autre**, **l'un l'autre**.

Using appropriate forms of **autre**, and the pair **l'un l'autre**, fill in the blanks in the following sentences. Remember: you may need to insert a preposition between **l'un** and **l'autre**.

1 J'ai trouvé quelques clefs, mais où sont _____ ?
2 Pardon! On t'a pris pour _____ .
3 Ils ont cessé d'être amoureux _____ .
4 Elle ne sait pas laquelle de ses amies l'a fait. C'est _____ .
5 Certains ont voté pour Chirac. _____ se sont abstenus.
6 Ils ont emprunté de l'argent _____ .
7 Ils sont tout à fait dépendants _____ .
8 Les deux sœurs s'aideront _____ .
9 C'est Jacques ou Pierre? Tout faux, ce n'est _____ .
10 Les uns disent oui, _____ non.
11 _____ solution n'est possible.
12 Les deux livres étaient là, _____ au-dessous de _____ .
13 Elles seront très fâchées _____ .
14 Ils sont tous arrivés hier, _____ un peu avant _____ .

18 * This exercise practises adjectives.

1 Make the following adjectives plural and then give the feminine singular form of each one: actif, français, blanc, européen, fier, traditionnel, beau, ce, long, complet, honteux, frais, grec, professionnel.

2 Make the adjectives in brackets agree with their noun, if necessary: robes (marron), langues (anglo-saxon), (nu)-pieds, tête (nu), une (demi)-journée, 2 heures et (demi), pommes (aigre-doux), fleurs (frais cueilli), fenêtres (grand ouvert).

3 Make the adjectives agree with their noun and then, if possible, with its complement: des joueurs de football (américain), une boîte de livres et documents (poussiéreux), un prof de grammaire (anglais), des amateurs de télé (allemand).

4 Make the adjectives agree with the nouns in the following phrases: accents (méridional), accords (international), amis (loyal), responsables (local), conseils (municipal), chefs (départemental), droits (fiscal), désaccords (parental), chantiers (naval), secteurs (artisanal), salaires (inégal), systèmes (entrepreneurial), centres (provincial), chèques (postal), services (social), revenus (global), pactes (fédéral), contrôles (mondial), groupes (communal), codes (pénal).

Practise saying all the nouns and adjectives so that you don't forget the masculine plural form.

19 * This exercise practises adjectives and adverbs.

1 Find the adjectives which correspond to the following adverbs: complètement, indûment, patiemment, précipitamment, soudainement, clairement, précisément, bruyamment, récemment, artificiellement, légèrement, nullement, incessamment, assidûment, sèchement.

2 Three of the above group have two forms and these are usually found in different contexts, e.g. **boire sec, répondre sèchement**. Identify the two other adverbs in the list which have an alternative form. Do they have to be used in different contexts? Check in a dictionary, and provide examples of them in use.

3 Form adverbs from the following adjectives: doux, courant, modéré, conscient, fréquent, premier, vif, principal, exceptionnel.

4 Find the negative forms of the following adjectives, e.g. **régulier > irrégulier**: content, heureux, réalisable, pair, légal, typique, adroit, normal, semblable.

5 The prefix **in-** suggests opposition or separation. Form adjectives from the following infinitives, by adding **in-** at the beginning of the word, e.g. **appliquer > inapplicable**: attendre, comprendre, connaître, contester, décider, défendre, douter, fatiguer, nier.

Now do the same by adding the prefix **im-** to the adjectives formed from the following infinitives, e.g. **pénétrer** > **impénétrable**: prévoir, pouvoir, prononcer, produire, punir.

20 ★/★★ This exercise practises numbers.

1 Write the following numbers in words. Take care with hyphens and **et**.

301 dalmatiens 80 pages 51 hectares 32 degrés 562 402 habitants 76 000 000 euros 1480 mètres 91 ans

2 Write the following ordinal numbers in words:

ler 2e 5e 9e 10e 14e 40e 78e 101e 683e 1 005e 5 789e

3 Read aloud the following dates and ask another student to write them out in full:

6.9.54 1.1.76 15.11.91 31.12.99. La semaine du 13 au 20 mai 2015 nous conviendra.

4 Read aloud and write out in full the following statistics:

1/4 des électeurs ont voté pour M. Le Pen.
52,8% des électeurs ont voté pour M. Chirac aux présidentielles de 1995.

5 Read the following text aloud, then write out all the numbers it contains:

Le troisième âge: la France vieillit. Avec la combinaison de l'avancement de l'âge de la retraite (60 ans) et l'augmentation de l'espérance de vie (79 ans pour les femmes, 77 pour les hommes) le troisième âge représente aujourd'hui 18,5% de la population, contre 12% en 1946 et 28% en l'an 2000.

21 ★/★★ This exercise practises subject and verb agreement.

Remember: the verb ending must agree with the subject in number, and the participles may have to agree with the subject in gender and number.

In the following sentences put the infinitive into the tense given in brackets:

Example: **Boire et fumer** (être) **ses vices majeurs.** (imperfect) > **Boire et fumer étaient ses vices majeurs.**

1 Monsieur, (s'asseoir)! (imperative)
2 C'est vous et le président qui (pouvoir) intervenir avec le plus de succès. (conditional perfect)
3 Beaucoup d'étudiantes (être déçu) par la décision du ministre de l'éducation. (perfect)
4 Toi et moi, (ne pas aller) à la bibliothèque aujourd'hui! (future)
5 C'est elle qui (devoir se sentir concerné), pas lui! (conditional perfect)
6 La totalité des fonds (aller permettre) la construction d'un nouvel immeuble. (near future)
7 Jeanne (ne jamais se brosser) les dents. Berk! (perfect)
8 Le problème financier que (poser) ces projets reste toujours insoluble. (imperfect)
9 Les trois quarts des enfants de plus de cinq ans (ne pas savoir) lire. (imperfect)
10 La gauche et la droite (ne jamais s'entendre) pour accepter ce projet de loi. (future)
11 Ni lui ni moi (ne jamais accepter) cette nomination. (pluperfect)

12 La plupart de l'opinion (ne plus supporter) les politiques du gouvernement à l'égard des problèmes sociaux. (future)

13 Ce (être) nous qui (être) responsables. (future)

14 Nous, l'ensemble des étudiants (partager) l'avis du professeur. (present)

15 L'une ou l'autre de ces propositions (devoir être soumis) à un vote de confiance. (conditional perfect)

II

The verb group

22 */⁑ This exercise practises expressing present time.

The present tense has many functions – often determined by the context. In the following sentences, give the correct present tense form of the infinitives in brackets, and identify the function of the tense:

> Example: **Il** (partir) **demain à sept heures.**
> **Il part demain à sept heures.** (future meaning because of **demain**)

1   En été en Ecosse il (faire) parfois très beau.
2   Quelle horreur! Il (pleuvoir)!
3   Nous (manger) à huit heures tous les jours.
4   Le samedi elle (ne pas travailler).
5   Elle (lire) un journal en ce moment.
6   Je (être en train de) préparer le repas.
7   Le 23 mai 1973 l'homme a assassiné la femme du président. On le (arrêter), on (faire) tous les efforts pour le condamner, mais on n'avait pas assez de preuves.
8   L'économie (aller) en se détériorant.

23 ⁑ This exercise practises present participles.

In the following sentences, replace the infinitive in brackets with a present participle, or a gerund, or a verbal adjective. Remember: the present participle and the gerund are invariable but the verbal adjective, *because* it is an adjective, agrees in gender and number with its referent.

> Example: **C'est une personne** (négliger). > **C'est une personne négligente.**
> **L'économie va en** (s'améliorer). > **L'économie va en s'améliorant.**

1   Vous avez présenté des arguments peu (convaincre).
2   En (réfléchir) bien, je crois qu'il a un peu raison.
3   Elles ont des personnalités très (différer).
4   Voilà des étudiantes (différer) beaucoup les unes des autres.
5   En (écouter) plus attentivement, je l'ai reconnu à la voix.
6   Il a perdu une serviette (contenir) des documents confidentiels.
7   Elles sont sorties en (courir).
8   Qui sont ces deux hommes (rôder) autour de l'école?
9   En (négliger) ta santé, tu risques des ennuis à l'avenir.
10 (Avoir) interrompu le débat brusquement, l'orateur s'excusa auprès des délégués.

24 ⋆ This exercise practises replacing present participles with relative clauses.

Make sure the tense in the relative clause suits the context.

1 Le président était dans la voiture précédant celle de l'ambassadeur africain.
2 Voilà des arguments différant énormément de ceux qu'on a entendus il y a un mois.
3 La drogue? Ce n'est pas une question n'intéressant que les sportifs!
4 Les étudiants s'inscrivant deux jours plus tôt seront acceptés dans la cité.
5 Les élèves consacrant beaucoup de temps à leurs études ont reçu des notes excellentes.
6 Les ouvriers ayant provoqué les émeutes au quartier latin avaient été arrêtés deux semaines auparavant.

25 ⋆/⋆ This exercise practises **depuis, depuis que, il y a . . . que, voilà . . . que**

(i)   if the action or event is continuing, French uses the present and imperfect tenses.
(ii) if the action or event is already over, French uses the same tenses as English.
(iii) if the context is negative, **pas** is omitted from compound tenses.

Give the English equivalent of the following sentences:

1 Il neige depuis une quinzaine.
2 Il habitait chez elle depuis un an.
3 On n'a rien mangé depuis deux jours.
4 Voilà six semaines que je t'attends.
5 J'ai un mal de dents épouvantable depuis hier.
6 Depuis quand êtes-vous là?
7 Il y a trois ans que je ne la vois plus.
8 Il est là depuis une demi-heure.
9 Voilà huit jours qu'elle ne m'a contacté(e).
10 Je n'y vais plus depuis un mois.
11 Il est à l'université depuis six ans!
12 Elle paraît toute changée depuis qu'elle est revenue de Lourdes.
13 Depuis combien de temps apprenait-il le chinois?
14 Nous y travaillions depuis le mois de janvier.

26 ⋆/⋆ This exercise practises ways of expressing future time.

Very often future time is expressed in the same way in French and English, but there are some important differences. The English future does not always mean you use the French future tense, and the French future does not always mean you use the English shall/will + infinitive.

(i) Give the English equivalent of the following sentences. Note any differences and similarities, and say why the French tense used refers to a future action or event.

Example: **Nous ne descendons pas au prochain arrêt.** (French: **descendons**/
English: are not getting off or do not get off; same in French and English: **au prochain arrêt** indicates *next* stop not *this* stop).

1 Il a dit qu'elle viendrait demain.
2 Est-ce que tu savais qu'il n'y aurait pas de réunion la semaine prochaine?

3 Le petit ne peut pas faire tout ce qu'il veut toute sa vie.

4 Je sais que vous irez quand vous aurez assez d'argent.

5 Lorsqu'elles seront de retour, on pourra manger.

6 Je ne sais pas. Nous pourrions l'envoyer jeudi.

7 Elle l'a encouragé à reprendre ses études dès qu'il finirait son service militaire.

8 Nous leur avons promis que nous pourrions remplir les formulaires quand elles nous les auraient rendus.

And note the special use, and function, of the future perfect (9) and the conditional (10).

9 Elles ne sont pas arrivées. Elles auront manqué le train.

10 On l'a entendu à la radio – il y aurait 250 morts dans le métro.

(ii) Put the infinitives in brackets into an appropriate tense. All of them should refer to a future action or event.

1 On est ravi de les voir. On ne croyait plus qu'ils (avoir) le temps de venir.

2 Aussitôt que tu (manger), viens prendre un verre avec moi!

3 Tais-toi! Elle (répéter) les résultats du tirage du loto!

4 L'avion (décoller) dès que le pilote recevra l'autorisation des contrôleurs aériens.

5 Elle espérait que tu (demander) ce congé avant la fin du mois.

6 Dès que le président (arriver), on pourra s'asseoir.

7 Elle (devoir) donner un préavis d'un mois avant de partir en vacances.

8 Tu (ne pas bouger) d'ici. Je (revenir) tout de suite.

9 Quand elles (arriver), nous le leur expliquerons.

10 (Ne pas vouloir)-tu un peu de vin?

11 Elle (être parti) déjà au moment où vous arriverez.

27 ★/★ Read the following texts – both set in the past.

1 Identify the tenses used in each of the texts and suggest the reason(s) for using them.

2 Change the tenses around, using present and future tenses in text (i) and past tenses in text (ii).

> **text (i)** L'année 1944, des mois durant, depuis que la nouvelle des débarquements alliés en Europe était parvenue par l'écoute des émissions de la BBC, Jersey retenait son souffle, attendant sa libération. Y aurait-il une invasion? Y aurait-il de sanglants combats contre des forces d'occupation décidées à tenir jusqu'au bout? Il y avait alors près de 12 000 soldats et 25 000 tonnes de munitions enfouies dans une fourmilière de bunkers et de tunnels. Il semblait inévitable que les forces britanniques auraient à combattre pour libérer les Iles, et on savait que des plans de débarquement avaient été préparés à Londres.
>
> **text (ii)** Fuyant la France en 1726, Voltaire s'installe à l'auberge du 'White Perruque' (Covent Garden), il y écrit de nombreux textes et lettres sur l'Angleterre. Il est reçu dans les salons de la ville et devient ami avec la Duchesse de Marlborough et avec le poète Alexander Pope. Voltaire admire chez les Anglais leur grand sens de 'l'Esprit Libre'. Tout au long du XVIIIe siècle, les Français fréquentent Londres. De Madame de Stael à Rousseau aux prêtres et nobles immigrés qui fuient la Révolution française, il semble que les Immigrés

s'installent sur les collines d'Hampstead. Ils font construire, en 1796, Saint Mary's Catholic Church dont le premier recteur sera l'Abbé Morel. Aujourd'hui encore, on peut voir les anciens cottages de nos compatriotes sur le Holly Mount Hill. Ces immigrés seront enterrés, comme le Chevalier d'Eon, dans le cimetière de la paroisse de Saint Pancras.

(*Français de Grande-Bretagne*, Eté 1995)

28 ★ This exercise practises expressing past time.

The imperfect tense has a large number of functions. It is used to describe people, things and places, and to express habitual or repeated events. It can be used to state the cause of an event, and to express a hypothesis. It can also be used to show that an event is on the point of happening, and, used along with the perfect or the past historic, that two events are simultaneous. It is often used to indicate politeness, or feelings of affection. Finally, it has a major role in indirect speech. So, ten major functions! The functions are frequently confirmed in adverbial phrases somewhere in the sentence.

In the following sentences, identify the function the imperfect is used for:

1 On allait toujours à la messe avant le dîner.
2 Tu me disais la vérité, je te donnais l'argent.
3 Elle faisait dodo, cette petite.
4 Il faisait beau ce jour-là. Il ne neigeait plus.
5 L'enfant se mit à hurler, trembla, trébucha: il mourait de peur.
6 Nous partions vers 6 heures, traversions la ville à pied, et arrivions à la fac pour notre premier cours à 7h 30.
7 Vous vouliez me voir?
8 Un cognac de plus et il tombait ivre mort.
9 Quelqu'un a sonné pendant que je prenais un bain.
10 Elle a dit qu'elle ne comprenait pas.

29 ★/★ Put the following sentences into the perfect tense:

1 Ils se couchent de bonne heure.
2 Elle se moque de son frère.
3 Les jeunes filles se jettent aux pieds de Johnny Halliday.
4 Quand je me réveille, elle n'est plus là.
5 Elles s'ennuyent à la maison toute la journée.
6 Ces enfants se lavent les mains avant de manger.

30 ★★/★ This exercise practises **avoir** and **être** and past participle agreement.

Remember: with **avoir** the past participle agrees with *a preceding direct object*
    with **être** the past participle agrees with the subject

In the following exercise replace the infinitive with the compound tense given in brackets:

1 Quelles langues (apprendre)-il? (perfect)
2 Les deux étudiantes (rencontrer) leur prof en ville. (future perfect)
3 Il y avait de très belles peintures! Laquelle (choisir)-vous pour votre bureau? (conditional perfect)

4 Nous (rentrer) de bonne heure. (future perfect)

5 Isabelle, combien de lettres (mettre)-tu à la poste? (perfect)

6 Où sont les livres que tu (emprunter)? (pluperfect)

7 Ta chambre (nettoyer) aujourd'hui. (perfect)

8 Ils le (répéter) tant de fois. (pluperfect)

9 Voilà la réponse qu'il (faire)! (conditional perfect)

10 La table (tacher) de vin. (future)

11 Nous (retourner) voir le film plusieurs fois. (perfect)

12 Elle leur (couper) la parole! (perfect)

13 Est-ce qu'elle (monter) les cadeaux dans leur chambre? (future perfect)

14 Vos chaussures? Non, je les (ne pas voir). (perfect)

15 Elles (aller) en France cet été. (perfect)

16 Où sont les valises que vous (descendre)? (pluperfect)

17 Voilà les billets que je (acheter) pour vous. (perfect)

18 Elles (partir) pour le cinéma avant 8 heures. (pluperfect)

19 Madeleine! Vous (partir) très tôt ce matin. (perfect)

20 Mes chaussures (devenir) trop petites. (perfect)

31 :/* This exercise revises past participles.

Put the words in brackets into past participle form in the following sentences:

1 (Ci-joint) les photocopies et les enveloppes (timbrer).

2 Il est (arriver) une chose bizarre.

3 (Voir) l'opposition à ses idées radicales le ministre a (démissionner).

4 Elle vient d'être (nommer) en Alsace.

5 L'annonce (paraître) en page 4 de l'édition du 13 janvier du Monde concernant des postes de professeur nous a vivement (intéresser).

6 Nous vous adressons (ci-inclus) une copie de notre correspondance.

7 Je vous remercie de la sympathie que vous m'avez (exprimer) au cours des dernières semaines.

8 Je ne me rappelle plus le montant qui m'était (devoir).

9 Voici les devoirs que nous avons (faire) refaire.

32 :/* This exercise practises past participles of certain verbs when they are followed by an infinitive: **faire, (se) laisser**, and verbs of the senses: **(se) voir, écouter, sentir, regarder, entendre**, and **devoir** . . .

A rule of thumb for agreement:

> with **faire** + infinitive – *no* agreement for **fait**
> with **laisser** + infinitive – usually there *is* agreement with the preceding direct object and with the other verbs
> – if the preceding direct object is the object of the participle – agreement
> – if the preceding direct object is the object of the infinitive – *no* agreement

Give the past participles of the infinitives in italics.

1 A-t-elle reçu les échantillons qu'on lui a (*faire* envoyer) la semaine dernière?

2 Voilà la bibliothèque qu'elle a (*faire* faire).

3 Où sont les sommes d'argent que tu aurais (*devoir* distribuer)?
4 Je les ai (*voir* arrêter) deux jeunes gens.
5 Elle ne s'est pas (*laisser* insulter) par le prof.
6 C'est une histoire qui les a (*faire* rire) aux éclats.
7 Les feux d'artifice que j'ai (*entendre* exploser) pendant la nuit m'ont effrayé(e).
8 On est allé voir la pièce qu'elles ont (*voir* jouer) à la télé il y a une semaine.
9 As-tu (*faire* classer) ces documents par la secrétaire?
10 C'est Sophie et sa sœur que j'ai (*laisser* venir).
11 Ces dossiers, il les a (*faire* mettre) dans son casier.

33 ⁙ This exercise practises the past participles of reflexive (pronominal) verbs.

A rule of thumb for agreement:

- if there is no direct object, the past participle agrees with the *subject*
- if the direct object *follows* the verb, *no* agreement
- if the direct object *precedes* the verb, agreement with the *direct object*

With reflexive (pronominal) verbs such as **se téléphoner, se ressembler, s'écrire, se répondre**, there is *no* past participle agreement because the pronoun is an *indirect* object in French – they say 'telephone *to* each other', unlike English 'telephone each other'. In the following sentences, put the infinitives into the perfect tense and make the past participle agree – if appropriate. Then put the infinitives into the tense given in brackets.

1 Elle (s'acheter) une robe. (perfect)
2 La maison (se détruire) en quelques années. (pluperfect)
3 Les deux frères (se battre). (future perfect)
4 Nous (s'apercevoir) de nos erreurs. (pluperfect)
5 La robe qu'elle (s'acheter) est très belle. (conditional perfect)
6 Elles (s'habiller) pour un cocktail. (future perfect)
7 Les garçons (se détester) pendant toute leur enfance. (perfect)
8 La bagnole qu'elle (s'acheter) était vraiment incroyable. (pluperfect)
9 Elle (se procurer) un avocat. (perfect)
10 Ils (se baigner). (pluperfect)
11 Elles (ne pas se demander) pardon. (future perfect)
12 Ils (se disputer) avant de se quitter. (future perfect)
13 Nous (s'ennuyer) énormément au cours de cette séance-là. (pluperfect)
14 Ils (s'écrire) souvent. (future perfect)
15 Elles (ne jamais s'absenter) sans raison. (conditional perfect)
16 Elle (se moquer) de moi et j'en avais assez. (pluperfect)
17 Elle (s'efforcer) de nous aider. (perfect)
18 Nous (s'aider). (conditional perfect)

34 ⁎ This exercise practises reflexive (pronominal) verbs.

In the following sentences put the infinitive in brackets into the tense required:

Example: **Elle** (ne pas se souvenir) **de ce qu'ils ont dit.** (present)
Elle ne se souvient pas de ce qu'ils ont dit.

1 Les jeunes (s'envoyer) des cartes postales pendant tout l'été. (perfect)
2 Les étudiants (se sentir) vraiment humiliés d'avoir reçu des résultats si médiocres. (perfect)
3 Voilà! Ça sonne. Il faut qu'on (se lever) et qu'on (se mettre) à travailler! (present, present)
4 Nous (se demander) si tu pourras le faire à temps. (perfect)
5 (S'asseoir) à côté de ton frère! (imperative)
6 (Ne pas se coucher), les enfants, avant mon arrivée! (imperative)
7 (Se marier)-ils l'hiver dernier? (perfect)
8 C'est elles qui (s'occuper) des cartes d'identité? (imperfect)
9 Ils (se retrouver) à la rentrée. (perfect)
10 Elles (s'absenter) pour quelques mois sans prévenir la police. (pluperfect)
11 Elles (ne pas se parler) pendant une heure. Quelle chance! (perfect)

35 ⋆ This exercise practises the tenses of **devoir** and **pouvoir**.

Devoir and **pouvoir** express a wide range of meanings related to obligation, necessity, probability, possibility . . . in addition to meanings such as owe, am to, can, be able to . . .

(i) **dois** – must, have to   **devrai** – will have to
    devais – had to   **aurai dû** – will have had to
    ai dû – must have, have had to, had to   **devrais** – should/ought to
    avais dû – must have, had had to   **aurais dû** – should have/ought to have

You might find it helpful to learn the tenses and their meaning(s) in the same way as you learn vocabulary.

Give the most appropriate English equivalent of the following sentences:

1 Elle doit finir sa version cet après-midi.
2 Il devait aller au marché.
3 On devra y faire très attention.
4 Elle avait dû oublier son parapluie dans le car. Elle était toute mouillée.
5 Tu ne devrais jamais faire ça.
6 Nous aurions dû prévenir nos parents.
7 J'ai dû le répéter cent fois.
8 Ils auront dû mettre les enfants au lit avant de sortir.

(ii) **peux (puis-je?)** – can, am able to, may   **pourrai** – can, will be able to, may
    pouvais – could, was able to   **aurai pu** – will (may) have
    ai pu – (may) have, have been able to   **pourrais** – could, might
    avais pu – might have (been able to)   **aurais pu** – could (would, might) have been able to

Give the most appropriate English equivalent of the following sentences:

1 Puis-je m'asseoir?
2 Il aura pu se tromper.
3 Il pourrait le terminer s'il voulait.
4 Elles ne pourront pas venir.

  5 Vous ne pouviez pas l'empêcher?
  6 Elle aurait pu mieux faire.
  7 Hélas! Ils n'ont pas pu obtenir de billets pour le match.
  8 La clé semblait perdue. Avait-il pu la cacher sous une pierre?

(iii) Give a French equivalent for each of the following sentences:

  1 She must have gone back for her bag.   5 We should call the police.
  2 I'm glad you could come by car.   6 He must have mistaken the door.
  3 She's here! He may have invited her.   7 They may have done it for me.
  4 You might have told me!   8 She ought to have gone to church.

36 */* This exercise practises a range of tenses: use the perfect as the main past tense.

La semaine dernière il y (avoir) une pluie grise et un vent froid dans les collines du sud de la Champagne, mais la population (venir) tout de même se recueillir sur la tombe de Charles de Gaulle. Vingt-cinq années (passer) depuis la mort, à son domicile dans le village agricole de Colombey-les-deux-Eglises, du plus grand président français de l'après-guerre. Pourtant son souvenir (continuer) de hanter les esprits et les ambitions des hommes qui (rêver) et (rêver) encore de lui succéder. 1995 (voir) l'élection d'un nouveau Président de la République, et l'on (se demander) maintenant si les Français (faire) le bon choix!
On (dire) et (écrire) tant de choses à propos de de Gaulle cette année – et l'an dernier également – qu'un étranger en France (pouvoir) croire qu'il (être) encore en vie. Les librairies (regorger) d'ouvrages à son sujet, la presse (faire) constamment référence à lui, et le village de Colombey-les-deux-Eglises (être) à mi-chemin d'une année chargée, puisque près de 120 000 personnes (visiter) déjà la jolie maison du général, devenue un musée national. Mais quel (être) celui des candidats de la droite qui (ressembler) le plus à de Gaulle? (Etre)-ce Balladur, ce premier ministre hautain qui (tenter) d'éviter les conflits à tout prix? Ou (être)-ce Chirac, le maire de Paris qui (se présenter) comme le seul homme capable de mettre en œuvre les réformes auxquelles Balladur (ne pas oser) se résoudre? A mon avis, ni l'un ni l'autre. La France (être) toujours à la recherche de l'homme qui (pouvoir) prendre sa place.

37 */* This exercise practises the past historic as the main verb, the pluperfect and the imperfect.

(i) Replace the infinitives in brackets with the tense you think is appropriate.

Lorsque les deux grosses dames (entrer), la pièce (commencer). Elles (essayer) de trouver leurs places, mais sans lumière ce (être) impossible. Elles (décider) donc de rester debout dans l'allée jusqu'au premier entracte. Un jeune homme (vouloir) pourtant les aider et (indiquer) qu'il y (avoir) des places libres tout près de lui. En essayant de faire le moins de bruit possible elles (s'asseoir). Hélas! Le chat du théâtre (s'installer) quelques heures plus tôt sur l'un des fauteuils et il (se mettre) à hurler comme un perroquet.
Morale: ne pas s'asseoir sur un chat dans un théâtre.

(ii) Now give the English equivalent of the sorry story.

38 */* This exercise practises the past anterior and the pluperfect.

The past anterior is used in a dependent clause if the main verb is in the past historic and the dependent clause is introduced by **après que**, **lorsque** or **quand**, **dès que** or **aussitôt que**, **à peine** + inversion + **que**.

Replace the infinitive in brackets with the tense you think is appropriate.

1 Je lui ai dit que je ne jamais (lire) de poème de Froissart.
2 Après qu'elle (annoncer) la nouvelle, on sut enfin qu'elle démissionnait.
3 Elle dut taper le mémoire à la machine car le prof (ne pas arriver) à déchiffrer son écriture.
4 Elle poussa un soupir de soulagement quand elle (finir).
5 Dès qu'il (remplir) les verres, les étudiants les vidèrent.
6 Il se brossa les dents, quand il (finir) de manager.

39 ★/☆ This exercise practises the sequence of tenses. Remember: pronouns, and possessive adjectives and pronouns, may need to be changed.

(i) Put the following sentences into indirect (reported) speech:

Example: **Elle me dit: 'Donnez-le-moi!' > Elle me dit de le lui donner.**

1 Elle me dit: 'Attendez!'
2   'Va chercher son numéro de téléphone!'
3   'Ne conduisez jamais en dépassant la limite de vitesse!'
4   'Taisez-vous!'

(ii) In the following sentences use **que** for the indirect version:

1 Elle nous dit: 'Vous devez faire vos devoirs demain.'
2   'Le médecin ne vient pas à la maison.'
3   'Les vacances approchent.'

40 ★ In the previous exercise the introductory verbs in the main clauses were in the present tense (**dit**) and there was no need to alter the tenses in the dependent clauses when moving from direct into indirect speech. But, if the introductory verbs are in past tenses, the tenses in dependent clauses are usually changed as follows: present > imperfect: perfect > pluperfect: future > conditional or conditional perfect. Adverbs of time may also have to be changed. Change the tense of the introductory verbs in exercises 39(ii), and 47(i)–(iii), into a past tense.

1 for 39(ii) begin, Elle nous disait que . . .
2 for 47(i) begin, Il m'avait demandé si . . .
3 for 47(ii) begin, Elle m'a demandé ce qui/ce que . . .
4 for 47(iii) begin, J'aurais demandé à mon amie . . .

41 ☆/☆ This exercise practises avoiding **dire**.

There is a wide range of verbs in French which are much more precise than **dire**. The function of each verb is clearly indicated in the verb itself: **ajouter, préciser, reconnaître, commenter, s'exclamer, s'enthousiasmer, regretter, conclure** . . . These verbs – and many more – can be used as introductory verbs.

Remember: verbs such as **regretter que** are followed by the subjunctive.

In the following sentences, provide an introductory verb which you think is appropriate. Use the tense indicated in brackets, and make any necessary changes.

1 A cette question nous (future) que nous n'en savons rien.
2 Elles (perfect) aux agents de police qu'elles n'avaient jamais eu de contravention.

3 Ça ne la gênait plus d'admettre qu'elle adorait son prof de maths, (pluperfect) à sa meilleure amie la veille de l'examen.

4 Le directeur (past historic) que nous aurions dû nous inscrire avant d'assister au cours.

5 L'employé me (perfect) qu'il n'y aurait pas de train le dimanche.

6 Elle lui (present) souvent qu'elle l'aimera toute sa vie.

42 */* Consider the following sentence, which is in indirect, or reported, speech:

Elles ont déclaré qu'elles iraient volontiers visiter le Musée de l'Homme.

Which of the following statements would have been its counterpart in direct speech? Explain why you would answer yes, or no, to each of the following:

1 'Nous irons volontiers visiter le Musée de l'Homme.'
2 'Elles iront volontiers visiter le Musée de l'Homme.'
3 'Tu irais volontiers visiter le Musée de l'Homme.'
4 'Elles iraient volontiers visiter le Musée de l'Homme.'
5 'Elle ira volontiers visiter le Musée de l'Homme.'
6 'Nous irions volontiers visiter le Musée de l'Homme.'
7 'Elles vont volontiers visiter le Musée de l'Homme.'
8 'Nous allions volontiers visiter le Musée de l'Homme.'

43 */* This exercise practises questions. Remember: you can ask questions in various ways: you can use inversion, you can use **est-ce que** (which is usually in a spoken context), or you can add interrogative intonation to a statement. You may need to add a pronoun to make the inversion.

Make the following statements into questions by (i) using inversion and (ii) adding **est-ce que**:

Example: **Tu apprends l'allemand depuis longtemps. > Apprends-tu l'allemand depuis longtemps?/Est-ce que tu apprends l'allemand depuis longtemps?**

1 Je ne peux pas l'écrire pour toi.
2 On va acheter un ordinateur avec modem pour remplacer notre vieille machine à écrire.
3 Elle a trouvé un plombier qui pourra réparer le chauffage central.
4 Ils faisaient tout leur possible pour payer la totalité des frais encourus.

In the following group the subject is a noun or proper noun, so you have to add a pronoun for inversion:

5 Les Dupont sont allés en Ecosse pour leurs vacances.
6 Isabelle est la meilleure prof de la section de français.
7 Johan et son amie ont passé l'été ensemble.
8 Ce prof-là a pris sa retraite.
9 Beaucoup d'ouvriers sortaient de l'usine après avoir entendu les tristes nouvelles.

44 */* Here is a selection of questions which were given in recent French baccalauréat exams. Ask each of the questions in three different ways and indicate whether any of the new forms have made the question informal.

Example: **Quel philosophe, particulièrement intéressé par l'Histoire, a déclaré: 'Rien de grand ne s'est accompli dans le monde sans passion.'?**
Qui a dit que rien de grand ne s'était accompli dans le monde sans passion?
Qui est-ce qui a déclaré: 'Rien . . .'?
C'est quel philosophe qui a dit: 'Rien . . .'? (informal)

1 Où et par qui furent signés, le 23 janvier 1973, les accords mettant fin à l'engagement militaire au Viêt Nam?
2 Que signe-t-on le 11 novembre 1973 au kilomètre 101 de la route Le Caire-Suez?
3 Deux Américains sur trois vivent à l'ouest du Mississippi? Ou à l'est du Mississippi?
4 Avez-vous jamais vu un carré blanc sur un fond blanc? Quel peintre en fait la démonstration?
5 Quel est le roman dont le héros aperçoit soudain le réel à travers les yeux d'une vermine, d'un cafard, par exemple? Titre et auteur?
6 Par quel moyen assassine-t-on Hamlet?
7 Qu'appelle-t-on 'prélèvements obligatoires'?
8 Qu'est-ce qu'une population active?

45 */*
In the following exercise, ask the questions for the following answers, using the interrogative word or phrase (**pourquoi?, combien?, où?, quand?, à/vers quelle heure?, comment?**) given in brackets. You may need to change pronouns in your question.

Example: **Elle a vu la pièce la semaine dernière (quand?) > Quand a-t-elle vu la pièce?**

1 Il ira chercher les enfants à sept heures. (à quelle heure?)
2 Tu peux aller en France pendant les vacances. (où?)
3 Nous avons perdu du poids en ne mangeant rien pendant une semaine. (comment?)
4 Ils achètent des bouteilles de vin tous les trois jours pour leur santé! (pourquoi?)
5 Je réside au Grand Duché de Luxembourg. (où?)
6 J'ai réussi mon intégration en France en obtenant un permis de séjour. (comment?)
7 Elles étudient le français depuis cinq mois seulement. (depuis combien de temps?)

In the next group, the subject is a noun or proper noun, so you usually need to add a pronoun to the verb to make a question.

8 Ce colis pèse 3 kilos. (combien?)
9 Le repas était fini vers minuit. (vers quelle heure?)
10 Les Montfort ont quitté la Belgique pour s'installer aux Etats-Unis. (pourquoi?)
11 La réunion aura lieu mercredi. (quand?)
12 Ses amis habitent à Alençon. (où?)
13 Ma femme a dépensé trop d'argent. (combien?)
14 Les deux jeunes immigrés envisagent beaucoup de problèmes s'ils ne trouvent pas de travail. (pourquoi?)

46 */*
(i) This exercise practises interrogative pronouns referring to people: **qui?/qui est-ce qui?** (subject pronouns), **qui?/qui est-ce que?** (object pronouns), and **qui?** following prepositions.

Suggest a question for each of the following answers (focus on the phrase *in italics*):

> Example: *Le colonel* **lui aurait donné une permission de 24 heures** > Qui/Qui est-ce qui lui aurait donné une permission de 24 heures?

1 *L'ambassadeur français* est parti pour Téhéran.
2 C'était *une de mes belles-sœurs*.
3 *Les Guénier* préfèrent manger au quartier latin.
4 Les enfants doivent prendre contact avec *leur nouveau prof* demain.
5 J'ai vu *les CRS* devant le cinéma hier soir.
6 Elle a répondu à la question de la part *des étudiants*.
7 *Lucien* connaît déjà la réponse.
8 Nous avons invité *tous vos amis*.
9 Mes parents sont assis à côté de *mes beaux-parents*.

(ii) This exercise practises the interrogative pronouns referring to things: **qu'est-ce qui?** (subject pronoun), **qu'est-ce que?/que?** (object pronouns), and **quoi?** following prepositions.

Ask a question for each of the following answers (focus on the phrase *in italics*):

1 Elle a reçu *un vilain coup sur la cheville*.
2 *La loterie nationale* les intéresse.
3 Il est assis *sur un tabouret*.
4 L'ingénieur l'a réparé à l'aide d'*un marteau*.
5 Il ne comprend jamais *ce à quoi on a fait référence*.
6 Jeanne *ne* fera *rien* au mois d'août.
7 Je pense que *c'est un très bon film*.
8 Les filles ont réussi à ouvrir la fenêtre avec *une carte de crédit*.

(iii) Select the appropriate forms of **lequel?** (pronoun) and **quel?** (adjective) to complete the following answers. Remember: **lequel?** and **quel?** must agree in gender and number with the people or things they refer to.

> Example: **Nous avons mangé dans tous les restaurants du quartier.**
> _____ **est celui où tu mangerais si on t'invitait?** > Quel est celui où tu mangerais si on t'invitait?
> _____ **nous recommanderiez-vous pour une soirée intime?** > Lequel nous recommanderiez-vous pour une soirée intime?

1 Le prof nous raconte les mêmes histoires chaque année.
   _____ voudrais-tu entendre à nouveau?
   _____ est celle que tu préfères?
2 Ils vont s'adresser aux hauts responsables de la Banque de France.
   _____ en particulier vont-ils s'adresser?
   _____ responsables vont-ils s'adresser?
3 Un de ces chapeaux extraordinaires appartient à un mannequin.
   _____ est à toi?
   _____ sont ceux que tu oserais porter?

47 ⁑ Make the following direct questions indirect.

(i) In the following sentences use **si** for the indirect version:

Example: **Il me demande: 'Es-tu fatigué?' > Il me demande si je suis fatigué.**

1 Il me demande: 'Est-ce que vous ne voulez pas venir?'
2   'Aimes-tu la bière?'

(ii) Use **ce qui** or **ce que** in the following sentences:

Example: **Elle me demande: 'Que racontes-tu?' > Elle me demande ce que je raconte.**

1 Elle me demande: 'Qu'est-ce que tu veux?'
2   'Qu'est-ce qui s'est passé hier?'

(iii) Keep the interrogative words **qui?, quoi?, où?, quand?, combien?, quel?, pourquoi?** and make the following direct questions into indirect questions:

Example: **Je demanderai à mon amie: 'Où es-tu allée hier?' > Je demanderai à mon amie où elle est allée hier.**

1 Je demanderai à mon amie: 'Quelle est ta nouvelle adresse?'
2   'Combien de lettres as-tu écrites?'
3   'De quoi parlais-tu tout à l'heure?'
4   'Qui est arrivé chez toi en premier?'
5   'Quand iras-tu en France?'
6   'Pourquoi es-tu si contente?'

48 ⁑/⁑ Make the following questions indirect. Use **demander** or **se demander** and begin with the phrase given in brackets.

1 'Où ont-ils bien pu aller à cette heure-ci?' (Je me demandais . . .)
2 'Pourquoi était-elle partie sans dire un mot?' (Ils nous avaient demandé . . .)
3 'Qu'est-ce qui pourrait t'empêcher de les retrouver ici demain?' (Il me demanda . . .)
4 'Est-ce qu'ils t'ont téléphoné la semaine dernière pour te prévenir?' (Tu lui as demandé . . .)
5 'Vous passerez nous voir un de ces jours?' (Nous leur avions demandé . . .)
6 'Que faire pour tous ces démunis et comment s'y prendre pour que leur nombre ne continue pas d'augmenter?' (Elles ont demandé aux autorités . . .)

49 ⁎/⁑ This exercise practises **si** clauses.

When **si** = if, there is a sequence of tenses which has to be observed. The sequence is very similar to the sequence of tenses used in English. Remember: the following guideline refers to **si** introducing a condition. **Si** has many other meanings and may be followed by various tenses.

si + present	main clause may have present, future, future perfect tenses or an imperative
si + perfect	main clause may have present, future, future perfect, imperfect, perfect tenses, or an imperative
si + imperfect	main clause may have conditional or conditional perfect tenses
si + pluperfect	main clause may have conditional or conditional perfect tenses

Put the infinitives in brackets into an appropriate tense.

1 Si elle (manger) davantage, elle deviendrait énorme.
2 (Rester) chez toi, si tu te sens malade.
3 Je (avoir eu) du succès dans la vie, si j'avais gagné beaucoup d'argent.
4 On (aller) souvent au théâtre, si on vivait à Paris.
5 S'il ne m'aimait pas, il me (ne pas demander) de l'attendre pendant tant d'années.
6 Je (lire) le journal dans le train, si tu ne m'avais pas demandé de corriger ton mémoire.
7 S'il l'a fini avant midi, nous (pouvoir) passer l'après-midi à la piscine.
8 Il ne boit jamais de bière, même s'il (mourir) de soif.
9 Si elle (être parti) déjà, c'est qu'elle aura fini son travail.
10 On va lui passer un coup de fil si on (ne pas avoir) de ses nouvelles cet après-midi.
11 Si vous avez fini, (remettre) le livre à sa place.
12 Tu (devoir) attraper un rhume si tu as eu froid par un temps pareil.
13 Elle aura comblé son père qui est lui-même diplômé d'une Grande Ecole, si elle (être admis) à Sciences Politiques.

And finally, **si** = if is sometimes omitted, but the condition is still there. Change the following sentences so that the condition is clearly expressed in a **si** clause.

14 Tu m'aurais dit la vérité, je t'aurais prêté tout l'argent dont tu avais besoin.
15 Il y va, tant mieux, elle en sera ravie.
16 Il serait revenu à temps, elle ne se serait jamais mariée avec ce type-là.

50 */* This exercise practises the use of adverbs.

Put the adverbial equivalent of the adjectives in brackets into an appropriate place in the sentence. Remember: generally, adverbs are placed after the main verb. Adverbs of place and time are sometimes located at the beginning of the sentence for emphasis.

1 J'avais oublié ces détails. (total)
2 Il a répondu à ces mots. (poli)
3 Tu es arrivé. (opportun)
4 Accueillez-la! (gentil)
5 Ces secrétaires sont malades. (constant)
6 J'espère qu'aujourd'hui il parlera. (bref)
7 Rédigez moins! (long)
8 As-tu fini? (entier)
9 Il ne voulait pas être chef de la section. (vraiment)
10 Elles mentent. (évident)
11 Elle a grossi. (énorme)
12 Parle plus, s'il te plaît! (fort)

51 */* This exercise practises the subjunctive.

In the following sentences put the infinitive in brackets into the appropriate form of the subjunctive and say why the subjunctive is necessary:

Example: **Elle attendra jusqu'à ce que vous** (arriver).
Elle attendra jusqu'à ce que vous arriviez. (because of **jusqu'à ce que**)

1 Elle ne pense pas que la petite (avoir été puni).
2 Dépêche-toi avant qu'il ne (être) trop tard.
3 Il fait trop chaud pour que tu (pouvoir) sortir.
4 Attends que je te (dire) de commencer.
5 Ils regretteront que les films (être terminé).

6 Il importe que tu lui (dire) que tu le regrettes.

7 Croit-elle qu'il (avoir fait) cela?

8 On y va, qu'il (faire) beau ou non?

9 Nous savons que les ministres des Affaires étrangères doivent se réunir. Nous souhaitons que les ministres de la Défense et les ministres de l'Intérieur (se joindre) à eux pour que des mesures (être décidé) qui (permettre) d'assurer la sécurité du territoire.

10 Nous demandons qu'une décision (ne pas être pris) sans consultation, sans que des experts extérieurs (avoir) à donner leur avis. Nous attendons de la Communauté européenne qu'elle nous (relayer) pour faire savoir à ce régime monstrueux qu'il est temps que le processus de démocratisation (être entamé), (être suivi) par nous et (pouvoir) aboutir dans les meilleures conditions.

52 ⋆/⋆ This exercise practises subjunctive tenses.

Select an appropriate tense to replace the infinitive in the following sentences. Remember: there are four subjunctive tenses (present, perfect, imperfect, pluperfect). In modern French, it is normal practice to use either the present or the perfect. The imperfect and pluperfect are found only in extremely formal spoken or written French and in some idiomatic expressions. Both the present *and* the perfect may be appropriate in the exercise.

1 Nous avons toujours nié que tu (avoir) tort.

2 On ne pense pas que jusque-là il (falloir) être intelligent pour devenir médecin ou avocat.

3 Nous allons voir la vieille dame ne (être)-ce que pour lui remonter le moral!

4 Elle veut que je (partir).

5 Il faudrait que ces fenêtres (être fermé) tous les weekends.

6 J'ai des petites habitudes que je ne changerai jamais (être)-ce pour le meilleur parti du monde!

7 Nous nous réjouissions qu'elles (venir).

8 Il n'a rien fait qui (pouvoir) ennuyer le prof, mais ce dernier est vraiment fâché ce matin.

9 Il n'y a pas eu de session plénière où nous (ne pas avoir été amené) à dénoncer le terrorisme.

53 ⋆⋆ In the following sentences there is a selection of conjunctions and adjectives which are always followed by the subjunctive. Give an appropriate subjunctive tense to replace the present and perfect infinitives, and say why the subjunctive has to be used.

> Example: **J'irai la voir chez elle à moins qu'elle ne** (vouloir) **venir ici.**
> **J'irai la voir chez elle à moins qu'elle ne veuille venir ici.** (à moins que)

1 Nous allons prendre un verre en attendant qu'il (se décider).

2 Elles sont arrivées à la réunion sans que je les (avoir vu).

3 Quel que (être) ton âge, tu ne dois pas faire des bêtises comme ça.

4 Quoiqu'elle (avoir obtenu) les diplômes voulus sa candidature n'a pas été retenue.

5 On attendra jusqu'à ce que tu (dormir).

6 Il mange très lentement de sorte qu'il faut que tout le monde le (attendre) à la fin du repas.

7 C'était la meilleure réponse que tu (avoir pu) donner.

8 Nous avons toujours dénoncé toutes les formes de terrorisme, où que (être) ce terrorisme, quelles que (être) les victimes.

54 ★/★ Insert the correct form of the subjunctive in the following sentences, and say why a subjunctive has to be used:

1 Ne fais rien qui (pouvoir) ennuyer la prof!

2 C'est dommage qu'elle (faire) un tas d'histoires pour accepter cette responsabilité.

3 Je préfère que tu (prendre) l'autobus.

4 Il est important que vous (attendre) votre petit frère.

5 On n'a jamais permis que vous (être) si impolis envers vos grands-parents.

6 Elles le suivront où qu'il (aller).

7 Ils sont ravis qu'elle (avoir réussi) enfin.

8 Nous ne tolérerons plus que vous (rester assis) quand le juge entre.

9 Il faut que nous (mettre) un imper, il pleut à torrents.

10 Il est impossible qu'elle (avoir oublié) mon nom.

11 Elle souhaiterait que tu (venir) de bonne heure.

55 ★ Many verbs have the same forms in certain parts of the present indicative and subjunctive tenses. In the following sentences, identify the indicatives and subjunctives in the dependent clauses and give the reason for your decision:

1 Je pense qu'elle me croit.

2 Que tu te reposes autant et restes aussi fatigué(e) est incompréhensible!

3 Elle m'a dit de me dépêcher pour que je ne manque pas le train.

4 Le gouvernement conduit ses politiques économiques de sorte qu'elles contribuent au budget de la Communauté.

5 Ces enfants ne sortent qu'après que leurs parents dorment.

6 Je regrette infiniment que le moteur ne fonctionne pas.

7 Nous ne doutons plus qu'elle se lève de bonne heure.

8 Il viendra te voir avant que ta sœur n'arrive.

9 Nous faisons appel à nos gouvernements pour qu'ils se concertent avec tous les autres pays afin que tous ensemble manifestent leur réprobation à l'égard du terrorisme et recherchent les moyens de l'éliminer.

56 ★ Explain the difference in meaning between the following pairs of sentences:

Example: **Il ne pense pas que je partirai demain.** (Indicative: I *am* leaving)
Il ne pense pas que je parte demain. (Subjunctive: I *may* leave)

1 Je cherche une secrétaire qui fait bien le café.
Je cherche une secrétaire qui fasse bien le café.

2 Crois-tu que la voiture est assez grande?
Crois-tu que la voiture soit assez grande?

3 Elle n'a pas l'impression que c'est inévitable.
Elle n'a pas l'impression que ce soit inévitable.

4 Ce ne sont pas des questions qu'on peut ignorer.
Ce ne sont pas des questions qu'on puisse ignorer.

57 ★/★★

This exercise practises past participles of impersonal verbs and verbs used like auxiliaries.

Complete the following sentences by putting the infinitives into the perfect or imperfect tense – whichever is appropriate in the context:

1 La chaleur qu'il (faire) cet été me (énerver).
2 Je (oublier) chez moi les cent francs qu'il me (manquer) pour acheter un billet.
3 Les événements qu'elle nous (raconter) me (paraître) incroyables.
4 La prise de contact qu'il (effectuer) (être) indispensable.
5 Il (venir) des étrangers tous les étés et c'est pourquoi nous (vendre) notre moulin à la campagne.
6 Voilà toutes les réponses que je (pouvoir) obtenir.
7 Nous (faire) toutes les démarches qu'il (falloir) pour réussir cet accord.

58 ★

Give the 3 imperatives of the following verbs:

Example: **donner: donne, donnons, donnez**

être avoir vouloir savoir aller se dépêcher faire dire choisir servir lire introduire nager s'asseoir appeler enlever boire commencer

59 ★/★★

This exercise practises the infinitive and the imperative.

You are an excellent cook. Write the instructions in recipe (i) for your best friend, and in recipe (ii) for your lecturer.

(i) Poulet aux herbes

Demandez à votre boucher de vous tailler des petits morceaux de poulet. Passez-les dans de la farine salée et poivrée et secouez-les. Faites-les dorer de tous côtés au beurre. Disposez-les dans un plat et mouillez-les de champagne. Jetez des herbes fraîches par-dessus. Laissez cuire à couvert pendant 10 minutes. Servez dans le plat de cuisson accompagné de pommes de terre nouvelles sautées ou de légumes verts de saison.

(ii) Tarte aux noix
   – préparer une pâte sablée
   – pétrir (-la) rapidement et laisser (-la) reposer une heure
   – étendre (-la) au rouleau
   – tailler un disque aussi grand que possible
   – piquer (-le) à la fourchette
   – mélanger la crème, la poudre de noix et le sucre, et verser le tout dans un moule
   – faire cuire la tarte 35 minutes environ au four, chaleur moyenne
   – laisser refroidir la tarte
   – saupoudrer de sucre
   – napper aux noix
   – servir

The next three exercises provide practice with some of the constructions which follow verbs. If you are not really, really sure of the construction, check in a dictionary to find the construction, and also check whether the meaning changes with different constructions.

60 ★ This first exercise practises the construction verb + preposition + infinitive. The most common prepositions used are **à** and **de**, but you will also find **par** and **pour**.

Insert the preposition and translate the sentence into English.

1 Il s'est promis . . . ne plus y aller.
2 Tu as oublié . . . lui donner ton adresse.
3 Les clandestins cherchaient . . . comprendre ce que je disais.
4 Les taux d'intérêt ne risquent pas . . . monter.
5 Elles ont cessé . . . fumer.
6 L'économie américaine tarde . . . se stabiliser.
7 Le gouvernement vise . . . changer les attitudes vis-à-vis des cartes d'identité.
8 Le médecin hésite . . . l'opérer.
9 Pourquoi s'étonner . . . voir ce résultat-là?
10 Nous regrettons . . . ne pas pouvoir vous aider.
11 Le ministre insistera . . . être reçu.
12 Nous avons décidé . . . ne jamais rien dire.
13 Elle s'est mise . . . faire de l'escrime.
14 Tu te hâtes . . . terminer ce rapport.
15 Commence . . . faire la vaisselle.
16 Ils ont fini . . . lui pardonner.

61 ★ This exercise practises the construction verb + direct object + preposition + infinitive: **Elle _l'a engagé(e)_ _à accepter_ le poste**. She urged him/her to accept the job. It also practises the construction verb + indirect object + preposition + infinitive: **Il _lui a dit de rentrer_ tôt**. He told her/him to come home early.

Insert the preposition in the space and then translate the sentence into English.

1 Il m'a félicité(e) . . . avoir réussi mon permis de conduire.
2 Rien ne m'empêche . . . sortir.
3 On leur conseillera . . . rester chez eux.
4 J'ai défendu au garçon . . . fumer.
5 Elle l'a remercié(e) . . . l'avoir accueilli(e) si chaleureusement.
6 Rien ne vous autorise . . . lui parler ainsi.
7 Son père lui a permis . . . sortir ce soir.
8 On pourra les persuader . . . se taire.
9 On les a invité(e)s . . . prendre un verre.
10 Je lui ai téléphoné et lui ai demandé . . . venir.
11 Sa mère l'encouragera . . . acheter sa propre voiture.
12 Nous vous demandons . . . ne pas prendre de photos.

62 ★ The construction practised here is verb + infinitive.

> Example: She seems to think she'll pass all her exams at the end of the year.
> **Elle _semble croire_ qu'elle va réussir à tous ses examens à la fin de l'année.**

Translate the sentences into French. Note that the subject in both clauses is the same.

1 Get them to make an appointment.
2 He saw the girl going into the house.

3 I prefer working to watching telly.

4   The old woman went home to bed.

5 The girls almost fainted when they saw him.

6 The soldier almost died.

7 We heard the boy singing.

8 She thought she'd seen them.

9 We'll still have to find the guilty party.

10 I hope to have the house painted white this summer.

11 My friend will come and get me at 8.

13 He was hoping to leave at 7 this morning.

14 She must have stayed away.

15 We hope to hear from them soon.

63 */* This exercise practises the passive.

Change the following sentences from the active into the passive form. Remember: the past participle agrees with the subject in a passive sentence. If the agent – that is, the person or thing carrying out the action – is included in the passive sentence, it is introduced by **par** or **de**: **par** usually referring to a specific person or thing, and **de** to a person or thing in a more general way.

> Example: **Ma sœur range la chambre une fois par mois.**
> **La chambre est rangée par ma sœur une fois par mois.**

1 Ils ont sorti les valises par la fenêtre.

2 L'agent va arrêter l'assassin.

3 Mon amie a trouvé les livres.

4 Mes parents ont invité tous mes amis pour mon anniversaire.

5 Les douaniers ont trouvé les drogues.

6 Plusieurs amis l'accompagneront.

7 Les ouvriers ont barré la route.

8 Un de ses amis l'a invité au cinéma.

9 Le directeur recevra les nouveaux élèves.

64 * This exercise practises some other ways of expressing the passive.

- **on** + the 3rd person singular of the active verb, e.g. **On vend ces légumes partout.**
- the reflexive (pronominal) form of the verb, e.g. **Ces légumes se vendent partout.**
- **se faire, s'entendre, se voir** + infinitive, e.g. **Elle se verra exclure du parti socialiste.**
- an impersonal verb, e.g. **Il a été dit des choses terribles.**

(i) Some of the following sentences are active and some are passive. Make the active ones passive and suggest one alternative passive form for the others.

1 On vend ces articles-là partout.

2 Aura-t-on bientôt résolu ces problèmes?

3 On n'apprécie jamais mes efforts.

4 Notre-Dame est vue de loin.

5 Ce film m'a tout à fait enthousiasmé.

6 Une jeune étudiante nous a demandé la permission de partir.

7 Le terroriste a été interrogé.

8 On n'admet pas les étudiants de moins de 18 ans dans cette université.

(ii) Give the active form of the following sentences:

1 Nous avons été félicités par le prof.

2 Pourquoi cette femme a-t-elle été condamnée par le juge?

3 D'excellents progrès ont été faits en informatique.

4 Par quelle équipe écossaise les matches ont-ils été gagnés?

5 Vous vous êtes laissé traiter de tous les noms d'oiseaux par ce type-là.

65 ⋆ Complete the following pairs of sentences so that the difference in meaning becomes clear:

Example: **La maison n'est pas toujours louée, elle est quelquefois utilisée par la famille.**
La maison n'est toujours pas louée alors que l'annonce paraît depuis six mois.

1 Les plus généreux ne sont pas toujours les plus riches, . . .
Les plus généreux ne sont toujours pas les plus riches, . . .

2 Tu n'as encore pas rangé ta chambre! . . .
Tu n'as pas encore rangé ta chambre! . . .

3 Les marchandises ne sont encore pas arrivées à destination, . . .
Les marchandises ne sont pas encore arrivées à destination, . . .

66 ⋆/⋆ Suggest a positive counterpart for the following sentences:

Example: **Rien n'est commencé. > Tout est commencé.**

1 Il ne me reste guère d'argent.
2 Personne n'est arrivé.
3 Nous ne leur rendons jamais les livres.
4 Il n'est toujours pas là.
5 On n'a rencontré personne.
6 Aucun ne viendra.
7 Rien ne plaît à cette fille.
8 Elles ne voient plus jamais personne.
9 Aucune d'elles ne s'est excusée.
10 Rien n'est simple.

67 ⋆/⋆ Answer the following questions negatively in three different ways. Vary the forms, and include short answers, e.g. **plus, jamais, rien, aucun** . . .

Example: **Je vous offre un petit whisky pour l'apéro?**
Non, rien pour moi, merci.
Je n'ai jamais aimé le whisky mais je veux bien un Ricard.
Sûrement pas! Cela va faire six mois que je ne touche plus une goutte d'alcool.

1 Tu passes Noël en France cette année?

2 J'ai des tickets pour le concert de Jacques Brel à Glasgow, ça vous dit?

3 Pourrais-je réserver une chambre pour deux personnes, s'il vous plaît?

4 On s'est déjà vu quelque part, non?

5 Le nouveau texte de la proposition est-il désormais acceptable pour les délégués ici présents?

68 ☆

Use one of the partial negative adverbs in the following sentences to negate the word or phrase *in italics*. Remember: the partial negatives are those which refer to only *one* part or *one* component of the sentence (**ne + rien, jamais, plus, guère, aucun, personne, nulle part**), as opposed to the full negative which covers the *whole* sentence (**ne + pas**).

> Example: *L'une* d'elles s'est plainte. > **Aucune d'elles ne s'est plainte.**

1 Il arrive *toujours* à l'heure.
2 Ces sentiers mènent *quelque part*.
3 Cela est *facile*.
4 Nos amis veulent voir *quelqu'un*.
5 Le directeur *ne cesse* d'y penser.
6 Cette femme s'occupe de *tout*.

69 ☆

This exercise practises articles and negation.

Make the following sentences negative: use the negative adverb – **pas, personne, jamais, rien** . . . – which you consider to be the most appropriate in the context given. Remember: the indefinite (**un, une, des**) and partitive (**du, de la, des**) articles become **de** if they refer to quantity.

> Example: **J'ai vu de la lumière chez toi hier soir. > Je n'ai pas vu de lumière chez toi hier soir.**

1 Elle porte des lentilles de contact.
2 L'étudiant avait bu trop de vin.
3 Y a-t-il des voitures sur le périph?
4 Nous avons acheté des cerises au marché.
5 Ont-ils des devoirs à faire?
6 C'est une très belle bagnole!
7 C'étaient/C'était des touristes japonais.
8 Il est tombé de la neige hier.
9 Ont-elles perdu du poids à Noël?
10 J'ai vu un film allemand en version originale.
11 C'est du café italien.
12 Enfin, quelque chose de nouveau!

70 ☆/☆

This exercise revises negatives, including **ne . . . que, ne . . . ni . . . ni**.

Insert the negative adverbs given in brackets in the following sentences. Some changes may be required.

1 Elle a 200 euros. (ne . . . que)
2 Elles ont déjà donné leurs réponses. (ne . . . pas encore)
3 Il est parfois difficile de se faire entendre. (ne . . . jamais)
4 Nous rentrons souvent avant minuit. (ne . . . plus)
5 Il boit du vin. (ne . . . que)
6 La directrice s'est radoucie. (ne . . . guère)
7 Elles rendent service à leurs clients et à leurs employeurs. (ne . . . ni . . . ni)
8 Il a un frère et une sœur. (ne . . . ni . . . ni)

71 ☆/☆

Make the following sentences negative, focusing on the double subject, double object, or double verb:

> Example: **Elle et moi connaissons la vérité. > Ni elle ni moi ne connaissons la vérité.**

1 Elle a écrit et téléphoné hier soir.
2 Quelque chose ou quelqu'un l'a convaincu.
3 Nous avons le temps et l'argent pour t'aider.
4 Je suis sorti avec un imper et un parapluie.

72 In the following sentences, replace **parce que** with **de, par, grâce à, sous l'effet de, faute de, à force de, comme, à cause de, puisque**. Remember: **grâce à** introduces a positive cause, **à cause de** a negative one.

1 Les otages ont été libérés parce que le commando a agi avec efficacité.
2 Les skieurs frissonnent parce qu'ils ont froid en attendant le télé-siège.
3 Tu vois, tu as finalement réussi à obtenir cette promotion parce que tu as persévéré.
4 Nous ne pouvons malheureusement pas honorer ce contrat parce que nous ne disposons pas d'une main-d'œuvre suffisante.
5 S'il a tué pour elle, c'est parce qu'il l'aimait.
6 Les enfants s'endormiront dans la voiture parce qu'il y fait chaud.
7 La faune et la flore se détruisent peu à peu parce qu'il y a des pluies acides.
8 Parce qu'ils adoraient les enfants et qu'ils ne pouvaient pas en avoir, ils viennent d'en adopter un.
9 Tu n'as pas besoin de lui dire parce qu'elle le sait déjà.

73 In the text below, fill in the gaps with one of the following linking words and phrases: **mais, bien que, quant à, abstraction faite de, tandis que, même si, pourtant, en dépit de, toutefois, alors que**.

Les leçons du passé: la nécessité d'une réforme

Comme toute politique dynamique, la PAC (politique agricole commune) s'est modifiée au fil du temps, _____ les premières mesures de réforme se sont heurtées aux rigidités du système. Normalement les agriculteurs recevaient un prix minimal pour leurs produits, _____ ces produits excédentaires allaient ensuite gonfler les stocks d'intervention de la Communauté, destinés à être revendus plus tard à des prix subventionnés sur le marché mondial. En 1973, la Communauté couvrait près de 100% de ses besoins en céréales, en viande bovine et en produits laitiers. Maintenant, _____ la Communauté soit passée de neuf à douze états membres, chacun de ces secteurs dégage des excédents considérables. A l'heure actuelle, la production agricole de la Communauté augmente en moyenne de 2% par an. La demande, _____ elle, stagne, voire régresse. De plus, _____ efforts faits pour empêcher les coûts de grimper, les sommes du budget communautaire consacrées à l'agriculture n'ont pas arrêté d'augmenter. Certes cette proportion du budget a diminué en termes relatifs, _____ cette situation n'est que le reflet de l'accroissement des dépenses consacrées à d'autres politiques, le développement social et régional en particulier. L'argent disponible a principalement été absorbé par l'écoulement des stocks d'excédents sur le marché. _____ d'une hausse en 1989, les prix payés aux agriculteurs n'ont pratiquement pas bougé depuis 1985. Des modifications visant à réduire les coûts ont certes été tentées, _____ leur résultat a été mitigé. Ainsi les agriculteurs devaient désormais payer des prélèvements destinés à faciliter l'écoulement des excédents. Et _____, le coût pour le budget communautaire ne cessait d'augmenter. De 1985 à 1991, l'indice des prix agricoles progressait de 17,9%, _____ les prix de détail de l'alimentation augmentaient de 30,4% dans le même temps. La PAC était dans une impasse: les agriculteurs faisaient des sacrifices, _____ ces efforts ne profitaient nullement aux consommateurs. Dans certaines parties de la Communauté, les terres étaient surexploitées à grand renfort d'engrais, _____ dans d'autres régions agricoles plus marginales, l'exode rural s'accélérait. Dans la nouvelle réforme, les principes fondamentaux de la PAC demeurent. _____, l'axe du dispositif change, il n'est plus le soutien des produits agricoles, mais l'aide directe aux revenus des agriculteurs.

(*Notre avenir agricole*, Office des Publications Officielles des Communautés Européennes, Luxembourg, 1993)

74

The following three texts for translation have been selected from recent publications of the European Commission. They include examples of all the grammar structures covered in **Modern French Grammar**. They deal with topics which are of significance to, and affect, or will affect, all of us: a changing Europe; air travel; the impact of satellites on our daily lives.

The register of the texts is formal: translate them as if for publication in an English language broadsheet such as *The Times*, that is, therefore, into formal English.

(i) **L'Europe à l'heure du changement**

L'Europe traverse une période de grandes transformations. L'élargissement de l'Union, la mondialisation et les changements structurels du tissu social européen posent toute une série de problèmes complexes qui appellent des réponses.

L'Europe change dans ses caractéristiques fondamentales, de la démographie (le vieillissement de la population, par exemple) aux flux migratoires, en passant par les structures familiales et les systèmes de protection sociale. La mondialisation a modifié en profondeur les conditions politiques et socio-économiques. Plus les marchés deviennent concurrentiels et intégrés, plus la nécessité se fait sentir, pour l'Union, de revoir son modèle de développement afin d'atteindre son objectif: s'affirmer comme «l'économie fondée sur la connaissance la plus compétitive et la plus dynamique du monde, capable d'assurer une croissance économique durable en créant plus d'emplois et en garantissant davantage de cohésion sociale».

(La Recherche socio-économique)

(ii) **Une Vision pour 2020**

En 2000, à la demande de la Commission européenne, un groupe de haut niveau réunissant d'éminents représentants de la recherche et de l'industrie a été constitué afin de développer une vision de l'aéronautique européenne en l'an 2020. Leur rapport final, publié en 2001, porte non seulement sur les aspects techniques et industriels, mais aussi sur des questions d'intérêt public.

Le but de la recherche aéronautique n'est pas simplement de voler plus haut, plus vite et plus loin. Les mots-clés, aujourd'hui, sont également: «plus abordable», «plus sûr», «plus propre», et «plus silencieux». On trouvera dans le rapport des exemples de recherches menées sur des thèmes importants pour la société dans son ensemble.

Parmi les questions abordées dans le rapport «Vision pour 2020» figuraient le choix offert aux passagers, la commodité, le confort et l'abordabilité. La ponctualité et la fiabilité sont des critères essentiels, mais les services à bord et le confort de la cabine sont aussi des éléments importants, qui ne devraient en aucune façon entraîner des prix prohibitifs. L'adoption de technologies de pointe, et de méthodes permettant de réduire les frais d'exploitation des compagnies aériennes devrait faire baisser le coût des voyages pour les citoyens.

(L'Aéronautique en Europe)

(iii) Observation de la terre par les satellites

Depuis des décennies, on observe la Terre depuis l'espace, et les investissements dans les systèmes de satellites ont été considérables au cours des dernières années. On a ainsi développé une technologie de premier plan pour collecter des données précises sur un grand nombre de paramètres planétaires – des conditions météo à l'évaluation du développement urbain, en passant par la mesure de la pollution.

Si les satellites ne représentent pas la seule source d'information sur l'état de notre planète, les possibilités uniques qu'ils offrent en font une composante centrale de l'initiative GMES (Global Monitoring for Environment and Security).

Les stations d'observation en surface sont réparties très inégalement sur le globe. Elles sont particulièrement peu nombreuses dans les régions polaires, océaniques et semi-désertiques où, si l'on en croit certains prévisionnistes du climat, les plus grands changements pourraient bien se produire.

Les satellites apportent une alternative rentable aux infrastructures terrestres pour la surveillance et l'analyse intégrées des relations entre l'environnement naturel, la politique économique et d'autres questions liées à la stabilité politique et à la sécurité nationale ou internationale; autant d'applications de la plus haute importance dans le monde entier.

Qui plus est, leur vision n'est pas limitée par les frontières naturelles. Alors que les communications terrestres peuvent être arrêtées par l'un ou l'autre obstacle, les satellites offrent un moyen de transférer l'information par-delà les frontières, donnant ainsi la possibilité aux sociétés, non seulement en Europe mais aussi à travers le monde de continuer à se développer et à s'améliorer.

(Surveillance planétaire de la sûreté environnementale)

Section B

Functions

III
Exposition

Communication involves both giving and obtaining information: we make statements and we ask questions about someone or something. This involves

(a) referring to people, things and places
(b) narrating events in some sort of sequence
(c) reporting what we or other people say or think.

In other words, we are giving or obtaining information about who, what, when, how, where and why. Exposition includes three groups of functions identified, very broadly, as *referring, narrating* and *reporting*.

Referring to people, things and places involves giving and obtaining information about physical characteristics, personality, relationships, age, ownership, dimensions, quantity and number, quality or distinguishing characteristics, comparison, direction, location and manner.

Narrating involves talking about events or actions in terms of present, past and future time, dates and time, and sequence.

Reporting describes what we or other people say and write. Reporting is usually clearly indicated by the presence of an introductory verb. There are many verbs which can introduce reported speech of which the commonest is 'say'. Some of the others are 'think, remind, ask, hope, believe, want, suggest, answer, admit, forget'. Interrogative structures are included in this section because we need to know how to obtain information, and to do this we ask questions, and negation is included because, of course, sometimes we need to say that something is not the case.

75 * Pair-work: introduce yourselves and then ask each other questions, e.g. How old are you? Where do you come from? What are your hobbies? What's your weight? How tall are you? What size of shoes do you take? What time is it? What time did you get up today? What time did you go to bed last night? What time is your French class?

Now report on what you have found out to the rest of the class.

76 * Describe your new or ideal girlfriend or boyfriend. Write, or talk, about their physical characteristics and personality, using phrases such as: elle est petite, aux cheveux bruns, gentille, ma mère l'aime bien mais mon père . . .

77 * Examine the two descriptions below and make a list of the forms used to describe someone, e.g. **cette grande bourgeoise influente** (text (i)), **les hanches sont minces** (text (ii)). Rewrite the texts using **ambassadeur** (text (i)), **femme-écrivain** (text (ii)). Some parts of the descriptions may need to be altered.

text (i) C'est cette toute jeune femme qui prononce le premier discours de l'inauguration. Issue d'une grande famille de son pays, chirurgien dentiste, elle dirige l'association qui a organisé cette réunion internationale. Durant les négociations, cette grande bourgeoise influente a aplani les difficultés et brisé les réticences. Face au public, élégante jusqu'à la pointe des chaussures bicolores Chanel, elle salue les délégations venues du monde entier.

text (ii) Portrait d'un écrivain.
Cela fait deux heures que nous sommes assis dans un bar du centre-ville. L'homme, petit et noueux, entre avec aisance dans la cinquantaine. Habitué à la traversée des épreuves, alliant souplesse et résistance, il se tient très droit dans des vêtements clairs, épaules étroites, chemise blanche immaculée. Les hanches sont minces et la voix est à peine rauque. La vie a creusé son visage de nombreuses rides, signe paradoxal de sagesse mêlée d'anxiété. Son front sérieux est souligné de deux yeux noirs et vifs qui scrutent néanmoins avec douceur. Le nez, à la finesse recourbée, coiffe une moustache toujours sombre malgré quelques fils argentés. Les cheveux aussi ont blanchi depuis notre dernière rencontre.

78 ✦/✦✦ **Portrait-robot:** (i) describe the suspect depicted below in two or three sentences.

(ii) And now try a little guided writing. On the basis of the following quotations from a senior detective's report and from the lady who helped the little girl, describe the suspected abductor and then the little girl who had been abducted. Begin, 'Un homme d'environ quarante ans . . .' and then continue with, 'La petite, âgée de quatre ans . . .'

> Mr Slater said: 'We have a sighting of a girl fitting her description. She was holding the hand of a man in his forties who had dark, unkempt hair, was clean-shaven, was wearing dirty trousers and a lumber jacket. He was also wearing a black-and-white checked shirt.'

> Mrs Gates said she found the four year old bewildered and weeping on her doorstep. She had fair hair and big blue eyes. She was wearing a dark blue coat and black shoes.

79 *

Write to, or phone, a dating agency, giving a description of yourself and of the ideal partner you are looking for – both in terms of physical characteristics and personality.

80 */*

1 Imagine that you are hosting a party where the people listed below are gathered. As they arrive, you introduce them to the nearest person – choose a different person each time.

> Example: **Manuel, je vous présente James Miller, PDG du groupe du même nom. James, voici Manuel Pinero, qui nous a tous impressionnés sur le terrain de golf.**

Then pretend you are a TV presenter, hosting a debate. Introduce five participants, selected from the list, at the beginning of the show.

> David Bairstow, cricketer, 44; Yvonne de Carlo, film actress, 73; Margaret Ewing, SNP MP for Moray, 50; Barry Gibb, pop singer, 49; James Miller, chairman and managing director, Miller Group, 61; Lord Parkinson, former MP, 64; Manuel Pinero, golfer, 43; Milton Shulman, theatre and film critic, 77; Leonard Slatkin, conductor, 51; Lord Thomson of Fleet, newspaper proprietor, 72; Lily Tomlin, actress, 56.

2 Read aloud the year of birth and the occupation of the people in the following list:

> Births: 1778 John Thompson, landscape painter; 1854 Engelbert Humperdinck, composer; 1864 Sir Roger Casement, civil servant and Irish nationalist; 1866 James Corbett, heavyweight boxer, known as Gentleman Jim; 1875 Edgar Rice Burroughs, novelist, creator of Tarzan; 1905 Violet Carson, actress and pianist.

81 *

Read the text below and answer in French the questions which follow it, in complete sentences.

> Le témoignage de J.M., disparu en URSS en 1945 . . .
> 'Je suis né le 28 août 1922. J'ai fait toute ma scolarité à Jarville avant de passer mon certificat d'études primaires à Nancy. En 1942, j'ai perdu ma mère. Mon père était mort quelques années auparavant: fils unique, je me suis retrouvé seul dans la Lorraine annexée par les Allemands. Fuyant l'enrôlement de force dans la Wehrmacht, je me suis réfugié à Castres où j'ai été arrêté puis envoyé en Allemagne, le 11 février 1943. Je travaillais dans une usine d'armement où je fabriquais des chenilles de chars: c'est là que j'ai rencontré Tatiana, une jeune Ukrainienne envoyée elle aussi aux travaux forcés, qui plus tard est devenue ma femme. Déporté à Prague, libéré par l'Armée rouge à la fin de la guerre, j'ai décidé, plutôt que de rentrer en France où personne ne m'attendait, de suivre Tatiana en Ukraine. Là, tous mes papiers ont été confisqués et, considéré comme apatride, j'ai passé six ans en prison: à ma sortie, en 1954, on m'a fait signer des documents qui faisaient de moi un citoyen soviétique. Inutile dès lors de songer à quitter l'URSS. Pendant quarante ans je me suis tu, mais aujourd'hui, je suis prêt à regagner la France à pied s'il le faut. Cinquante ans ont passé et j'ai toujours cette idée fixe: me recueillir une dernière fois, sur la tombe de mes parents et de mes grands-parents à Blénod-lès-Pont-à-Mousson.'
>
> (*L'Evénement du jeudi*, n°560, 27 juillet au 2 août 1995)

1 How old was the man when his mother died?

2 By then, did he have any close relatives left?

3   What was his occupation in Germany?

4   Imagine you are staying in Blénod-lès-Pont-à-Mousson and have got to know him. You meet him with a friend, introduce them to each other and give your friend a few details about his circumstances.

82 ⁺/⁺⁺ You will find below two CVs. Use them to perform the following tasks:

1   Introduce the individuals to each other.

2   Imagine that each of them has been newly appointed in the company where you work. You were on the interviewing panel, so you can tell a colleague about the new recruits.

3   Write to a friend or colleague explaining why you supported the new recruits.

Adrien TAILLON
22, rue Saint-Benoît
75005 PARIS
01 53 28 35 82
35 ans
Marié – 2 enfants

Expérience professionnelle
Bureau Français des Expositions et Salons
1987–88: Coordinateur adjoint, chargé de l'organisation du Salon de l'agroalimentaire (600 exposants)

Fonctions: prospection d'exposants, gestion du budget, logistique, campagne promotionnelle.

Résultats: nombre d'exposants/de visiteurs en croissance de 10%/6% sur l'année précédente. Depuis 1988: Coordinateur de plusieurs salons, de la conception à l'organisation.

Formation: 1986 Ecole Supérieure de Commerce – Lyon.

Divers
1986–87 Service National, Chasseurs Alpins.

Gabriel DUBOIS
13, rue des Pommiers
37000 TOURS
Tél: 02 47 42 28 35

Formation
1984 Diplôme d'ingénieur (Ecole Française d'Informatique)
1985 Diplôme de spécialisation informatique

Expérience professionnelle
Depuis 1986 C.G.T. INFO (150 salariés, services et conseils en informatique)
    Ingénieur: conception et mise en œuvre de logiciels pour 3 laboratoires
      pharmaceutiques; spécialité de systèmes en temps réel et transactionnel

Langues
Anglais courant
Notions d'allemand

Divers
Né le 13/3/1962
Célibataire
Capitaine de l'équipe de football amateur senior de Tours

---

83 */* When you meet someone for the first time

- What do you notice first in a man? – in a woman?
- What is attractive in a man? – in a woman?

Reply personally (first example) or make more general statements (second example), using possessive adjectives or noun phrases with **de**. You can also put the questions to fellow students, using a specific set of attributes, e.g. intelligence, sense of humour, voice, hands, perfume, shoes, spectacles, legs . . ., and report on the results of your 'opinion poll' to the rest of the class.

    Example: 1 **Lorsque je rencontre un homme, je remarque immédiatement ses chaussures . . .**
             2 **Beaucoup de femmes pensent que les hommes s'intéressent surtout à leurs jambes et à leur sens de l'humour. En réalité . . .**

84 */* Use a sentence with a relative clause in order to describe the following objects and their possible use(s): 1 un aspirateur 2 un magnétoscope 3 une boussole 4 une caisse d'épargne 5 un modem 6 un miroir (and describe what you see when you look in it)

85 */* In the following examples, identify what is used to express ownership (i.e. who owns what?). If you cannot do it, or are in doubt, explain why.

1 Mes collègues sont excédés parce que leurs ordinateurs sont encore en panne.
2 Comme ses dernières dissertations reflétaient une maturité plus grande que celles de ses camarades, son professeur promit à Jean-Luc de lui prêter des œuvres plus difficiles, parmi les traités philosophiques de sa propre collection.
3 Elle ne peut pas supporter ses parents.

4 Mademoiselle, vos permis de conduire et carte verte, s'il vous plaît?

5 Malheureusement, l'homme ne nous a pas donné son adresse.

6 Le juge a dit au procureur qu'il transmettrait ses recommandations.

7 Je crois que vous avez pris nos billets par erreur à la place des vôtres.

Now rewrite the sentences with the following changes:

1 Ma collègue est . . .

2 . . . à Jean-Luc et Bernard . . .

3 Elles . . . (*There may be more than one answer here. Why?*)

4 Messieurs, . . .

5 ce couple *instead of* l'homme

6 aux avocats *instead of* au procureur (*see* 3)

7 la veste *instead of* les billets, and vous *singular*

86 ★ In the following sentences, avoid repetition by replacing the noun phrase in italics with another form expressing ownership. Find at least two alternatives, even if it means changing the sentence a bit.

> Example: **Comme il n'avait plus de sous, il a pris *mes sous* pour s'offrir un costume neuf!** > . . . **il a pris *les miens*/il a pris *ceux qui m'appartenaient*.**

1 Selon cette formule d'échange, des étrangers te prêtent leur maison et toi, tu leur laisses *ta maison*.

2 Non seulement ils m'ont confisqué mon passeport mais également *le passeport de Laurent*.

3 Faute de trouver des solutions appropriées, elles ont fini par adopter *nos solutions*.

4 Pourquoi seriez-vous jaloux de les voir s'offrir une belle maison? *Votre maison* est magnifique!

5 Nous avons eu de la chance que notre voyage se passe bien, parce que *leur voyage* a été un fiasco total!

87 ★/★★ Solve the following riddles:

1 Mon premier est une note de musique,
mon second est la vingtième lettre de l'alphabet,
mon troisième est un synonyme de restitue,
mon tout est un ancien chef d'état: ?

2 Mon premier est le mâle de la vache,
mon second est un gros village,
mon troisième est une plante associée aux fêtes du premier de l'an,
mon quatrième est un coup de poing en argot,
mon tout est un plat bien français: ?

Now make up your own to obtain (i) République and (ii) Fellini.

88 ★/★★ Describe the house/flat of your dreams, using the conditional tense.

> Example: **Pour moi, la maison idéale serait une caravane qui aurait un toit de verre et qui . . .**

89 ★

The following text was used in an advertisement for a watch. Make the necessary changes (e.g. by inserting verbs, articles . . .) to create a paragraph of complete sentences.

Montre de plongée étanche à 200 mètres. Boîtier tri-corps résistant aux grandes profondeurs. Mouvement mécanique automatique ou mouvement à quartz avec indicateur de fin de vie de la pile. Bracelet mécanique avec fermoir de sécurité ou bracelet en cuir requin imperméable. Garantie internationale de 5 ans.

90 ★/★

Replace the verb **faire** in the following sentences. Try to find two alternatives for each sentence, and try not to use **mesurer** more than twice in the exercise.

1 Il a un voilier qui fait 25 m de longueur.
2 J'ai un problème avec les tailleurs parce que je fais du 40 en veste mais du 38 en jupe.
3 Perchées sur des talons aiguilles, elles faisaient toutes dans les 1,80 m.
4 Nous faisons tous les deux du 42 en bottes mais tu as le pied beaucoup plus large que moi.
5 Vous m'avez dit que la fenêtre fait 1,50 m de large et que les montants font presque 3 m, c'est bien ça?
6 En quittant le périphérique, tu prends une portion d'autoroute qui fait 10 km jusqu'à la sortie Evry.

91 ★★

The following table contains the findings, in percentages, of a poll conducted in 1993 in the then twelve member states of the European Union. People were asked whether they thought decisions concerning the twelve items listed should be taken by the EU or by national governments.

1 Using the percentages in the table, make a statement comparing the findings. Include a linking phrase, e.g. **en revanche, tandis que, contre** . . . to introduce, and contrast, the second percentage.

Example: **Environnement (ix): 30% des personnes interrogées pensent que l'environnement est du ressort des gouvernements nationaux. En revanche, 66% considèrent que cette responsabilité incombe à l'Union européenne.**

2 Do the same again, but this time be less precise in the expression of quantity, using nouns or noun phrases, e.g. **la plupart de, un tiers de, pour un peu plus de la moitié de** . . .

Example: **Lutte contre la drogue (xi): La plupart des personnes interrogées estiment que la lutte contre la drogue doit être organisée à l'échelle de l'Europe plutôt que des Etats membres.**

Décisions de l'UE ou des gouvernements nationaux?		
	UE	*Gouvernements nationaux*
(i) Santé et sécurité sociale	31%	65%
(ii) Education	32%	64%
(iii) Participation des employés	32%	54%
(iv) Chômage	46%	50%
(v) Recherche	71%	22%
(vi) Culture	32%	55%
(vii) Immigration	54%	40%
(viii) Asile politique	54%	38%
(ix) Environnement	66%	30%
(x) Politique étrangère	67%	24%
(xi) Lutte contre la drogue	69%	27%
(xii) Coopération avec le Tiers-Monde	74%	18%

Source: Eurobaromètre 40 dans *L'Intégration européenne*, 'Les Origines et la croissance de l'UE', Office des publications officielles des Communautés européennes, Luxembourg 1995

92 ⋆ Consider the following table of population figures for countries in the EU:

Population des pays européens en 2002 (en milliers)	
Belgique	10 200
Danemark	5 200
Autriche	8 000
Allemagne	81 800
Grèce	10 500
Espagne	39 700
Finlande	5 100
France	58 400
Irlande	3 500
Italie	57 200
Luxembourg	414
Pays-Bas	15 700
Portugal	10 000
Royaume-Uni	58 600

Note the comma in 414,000. This indicates that the total population of Luxembourg is 414 thousand (*not* 414 000 milliers).

1 What is the population of (i) Spain, (ii) Denmark, (iii) Luxembourg, (iv) the UK, (v) the Netherlands? Write sentences giving the population of each country. Try using different forms to introduce the number, e.g. **La population du Danemark s'élève à . . . Il y a . . . habitants au . . .** Then give the same answers orally.

2 Write out in full the populations of Germany, France and Ireland.

3 Portugal, Belgium and Greece could be grouped together. Why? Introduce the notion of quantity in three different ways to answer the question, e.g. **environ, près de, autour de . . .**

93 ★ Read aloud the quantities and the ingredients required for the following recipes:

(i) *soupe aux anguilles*: 5 à 6 petites anguilles, ½ litre de vin blanc sec, 3 poireaux, 4 jaunes d'œufs, 150 g de beurre, 1¾ décilitre de crème, 3 tranches de pain de mie, sel, poivre, persil.

(ii) *morue aux tomates*: 275 g de morue, 3 oignons, 2 cuil. à soupe d'huile, 2 gousses d'ail, 2½ boîtes de concentré de tomates, 80 g de gruyère, 1 décilitre de vin blanc sec, sel et poivre.

(iii) *dessert à l'advocaat*: 40 g de sucre, 150 g de crème, 3 blancs d'œufs, 1 décilitre d'advocaat, 1 boîte d'abricots.

(iv) *pets de nonne*: 150 g de beurre, 250 g de farine, ¼ de litre de lait, 7 œufs, 1 décilitre de rhum, 150 g de sucre, 1 citron, 1 orange, sel, 1 bâton de vanille.

94 ★/★ Use the information below to write a short text about existing or new EU Member States, highlighting some of their characteristics.

Example: **Le Portugal est membre de l'UE depuis 1986 . . . Lisbonne en est la capitale, au coeur d'un pays qui compte un peu plus de dix millions d'habitants . . .**

1 **Allemagne**
Année d'adhésion: Membre fondateur
Système politique: République
Capitale: Berlin
Superficie: 356 854 km^2
Population: 82 millions
Monnaie: Euro

2 **République Tchèque**
Nouvel Etat membre prévu pour mai 2004
Système politique: République
Capitale: Prague
Superficie: 79 000 km^2
Population: 10,3 millions
Monnaie: Couronne tchèque

3 **Portugal**
Année d'adhésion: 1986
Système politique: République
Capitale: Lisbonne
Superficie: 92 072 km^2
Population: 10,2 millions
Monnaie: Euro

4 **Royaume-Uni**
Année d'adhésion: 1973
Système politique: Monarchie constitutionnelle
Capitale: Londres
Superficie: 242 500 km^2
Population: 58,6 millions
Monnaie: Livre sterling

95 ★ Use the information from the table below to write 10 full sentences containing the following forms:

plus . . . que, moins . . . que, le/la plus . . . de, le/la moins . . . de, aussi . . . que, le/la même, autant . . . que, de même que, d'autant moins . . . que, contrairement à/à la différence de.

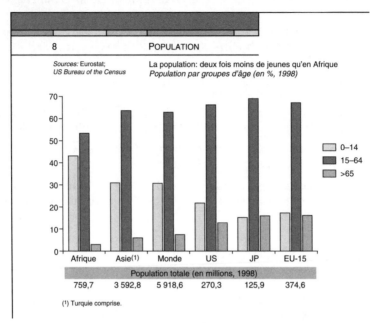

8		POPULATION			

Sources: Eurostat; US Bureau of the Census

La population: deux fois moins de jeunes qu'en Afrique
Population par groupes d'âge (en %, 1998)

Legend: 0–14, 15–64, >65

Population totale (en millions, 1998)

Afrique	Asie(1)	Monde	US	JP	EU-15
759,7	3 592,8	5 918,6	270,3	125,9	374,6

(1) Turquie comprise.

Example: **Le Japon est le seul pays à avoir *plus* de personnes âgées *que* de jeunes dans sa population.**

96 ⋆/⋆ Read the following text adapted from a guide-book entitled *Où dormir? Où manger dans les environs?*:

Mrs T. McKay: Alduch Lane, Bellandich, Tel: Bellandich 112.
Sur la A59 (entre Kyle of Creef et Aborleen), juste après Kyle of Creef prendre une petite route sur la droite (la B8019); continuer sur 1,5 km. Le B&B est indiqué sur le bord de la route; prendre alors un chemin à gauche. La maison est un peu en hauteur (pour retrouver la route du Whisky, reprendre la A59 jusqu'à Aborleen). L'accueil ici est extraordinaire: thé à 17h, petits biscuits faits maison, re-thé à 22h, et le tout pour une dizaine de livres. Le couple de personnes âgées est formidable, le chien Scottie aussi! Il vous empêche même de quitter la maison.

1 Identify the forms used to express location and direction.
2 Having visited the place yourself, you recommend it to French friends on holiday and, using imperatives, give them the directions they will need to find it.

97 ⋆ Using the map of France opposite answer the following questions. Give detailed answers.

1 Where are the following regions/departments/towns located in France: Bourgogne, Poitou-Charentes, Seine-Maritime, Haute-Savoie, Metz, Angers?
2 Say where you think, or know, the most famous French wines come from? Give your answers in sentences.
3 Have you ever been to France? If you have, explain where you went in some detail, or, if you have not, say where you would like to go and why.

98 */*

Having decided to rent or buy one of the properties advertised below, you write to or tell a friend about it. Describe in detail the location, dimensions, and the plus points.

text (i) PROVENCE, ravissante maison de village, restaurée avec goût. Joli jardin de charme. Piscine. Terrasses. Au calme. Commerces à proximité.

text (ii) VAL DE LOIRE – Région de Bourgueil (37), ancien moulin à eau du XVIIIe siècle dans un très joli cadre naturel sur environ 8.000 m². Salon 29 m² avec cheminée, cuisine, séjour 30 m² avec bar et grande cheminée, 2 chambres, bureau, bains. Grande salle de 45 m² mansardée. Dépendance (studio d'amis, garage, cave).

text (iii) MONTPELLIER, appartment à louer, dans un complexe de loisirs avec un service club. Piscine, grand jardin. 2 restaurants, soirées spectacles, sauna, billard, bar d'ambiance, jeux vidéo, vidéothèque. 1 semaine en demi-pension; 260 E.

99 */*

You are a radio presenter broadcasting a 'TV selection' (Guide Télévision) for the week ahead. Prepare your statement, including all the necessary information for your listeners, on the basis of the following notes:

jeudi 27	– TF1, 20h 30, CINE CINEMAS
	Il était une fois la révolution, de Sergio Leone, avec Rod Steiger, James Coburn, 1970, 2h 27.
	– Arte, 22h 55, DOCUMENTS
	Général Idi Amin Dada: autoportrait – A ne pas manquer!
vendredi 28	– France 3, 20h 50, MAGAZINE
	Thalassa: les voisins de l'archange
	Documentaire passionnant sur le Mont-Saint-Michel.
	– Arte, 23h 05, FILM
	Un homme dans la foule, d'Elia Kazan, avec Andy Griffith, Patricia Neal, 1957, 2h 06, v.o.
samedi 29	Rien de spécial, allez au cinéma!
dimanche 30	– TF1, 13h 55, SPORT
	Formule 1: Grand Prix d'Allemagne
	– France 2, 22h 30, OPERA
	Musiques au cœur de l'été, en direct du Festival d'Aix en Provence: *Le Comte Ory* (Rossini), mise en scène de Marcel Maréchal, direction: Evelido Pido.
lundi 31	– France 2, 21h 00, PREMIERE
	Le facteur sonne toujours deux fois, de Bob Rafelson, avec Jack Nicholson, Jessica Lange, 1980, 2h 01.
	– Canal Plus, 22h 30, FILM
	Le salaire de la peur, d'Henri-Georges Clouzot, avec Yves Montand, Charles Vanel, 1953, 2h 11, un grand moment de cinéma et l'un des plus beaux rôles de Montand.
mardi 1er	– Arte, 20h 40, DOCUMENTAIRE
	Thema: Hiroshima
mercredi 2	– Arte, 21h 40, OPERA
	L'Or du Rhin, de Richard Wagner, mise en scène de Harry Kupfer, direction musicale: Daniel Barenboïm.

100✶/✶ Use the following 'diary' of the Gulf War to write a full and detailed text beginning:
'**Le 2 août 1990, les troupes irakiennes envahissaient/ont envahi le Koweït . . .**'
Make each entry into a sentence with all the verbs in past tenses, and include the dates.

2 août	les troupes irakiennes envahissent le Koweït.
6 août	l'ONU annonce sa décision de soumettre l'Irak à un embargo.
9 août	l'Irak retient comme otages les étrangers qui sont encore dans le pays.
25 août	l'ONU décide d'employer la force armée.
9 septembre	rencontre á Helsinki de Bush et Gorbatchev qui vont condamner l'occupation irakienne.
oct/nov	déploiement de 400 000 soldats américains dans la région.
29 novembre	l'ONU autorise l'emploi de la force à compter du 4 janvier si, à cette date, les Irakiens ne se sont pas retirés du Koweït.
9 janvier	négociations à Genève qui ne donneront aucun résultat.
17 janvier	début de l'opération 'Tempête du désert' (offensive aérienne).
24 février	début de l'offensive terrestre.
27 février	les forces alliées reprennent Koweït-Ville.
3 mars	l'Irak accepte le cessez-le-feu dont les conditions définitives seront fixées le 3 avril.

101 Here is the transcript of part of a business meeting. Write the minutes, in full.

M. Lajoie: Bienvenue chers collègues à cette réunion du Comité des finances. Je présume que vous avez tous reçu l'ordre du jour? Pouvons-nous l'approuver? . . . Bien, merci. Maintenant, passons au procès-verbal de la dernière réunion. Y a-t-il des questions, des remarques?

Mme Chouc: Je voudrais signaler deux erreurs, une erreur de frappe à la page 2, 'finaces' au lieu de finances. Et à la page 5, il est stipulé que 'le rapport devra être communiqué à Mme Grosjean'. A mon avis, ce rapport concerne plutôt Mme Laplace.

M. Duteil: Oui et non, c'est-à-dire que les deux sont directement concernées par le rapport en question . . .

M. Lajoie: A ce moment-là, nous pourrions l'envoyer aux deux, si tout le monde est d'accord? Bien, merci. Véronique, pourriez-vous modifier le procès-verbal, s'il vous plaît, et Mme Chouc, vous voulez bien vous charger de l'envoi?

Mme Chouc: Oui, vous pouvez compter sur moi.

M. Lajoie: Merci. Alors venons-en au point suivant de l'ordre du jour . . .

Example: **M. Lajoie souhaite chaleureusement la bienvenue à ses collègues et leur demande s'ils ont bien reçu l'ordre du jour . . .**

102 The following extract is taken from minutes of a meeting. Restore the sequence of statements, in direct speech, made by each participant.

Example: **M. Perot souhaite la bienvenue aux participants à la réunion qui se tient au siège de l'Association Belge, et donne la parole à la présidente, Mlle Martin. M. Perot: 'Bonjour à tous et bienvenue à Bruxelles, au siège de l'Association, pour cette importante réunion. Inutile de perdre du temps en préliminaires, je voudrais donner tout de suite la parole à notre Présidente, Mlle Martin.'**

Mlle Martin le remercie d'avoir invité le Comité à Bruxelles et salue le représentant de la délégation portugaise, M. Fato, qui participe pour la première fois à la réunion de ce Comité.

Mlle Martin salue M. Traberg, chef du service 'Questions Générales' et l'invite à présenter un exposé sur le phénomène des 'Supermarchés Financiers' (S.F.).

103 Translate the cartoon overleaf into French, for inclusion in a French periodical.

From *Binky's Guide to Love* © 1994 by Matt Groening. All Rights Reserved. Reprinted by permission of HarperPerennial, a division of HarperCollins Publishers, NY.

104 ∗ What is the function of each of the following questions (exasperation, astonishment, polite request, reprimand)? Replace each one with an affirmative form conveying the same meaning.

> Example: **Comment veux-tu que je ne sois pas énervée avec toutes ces histoires?**
> (exasperation)
> **J'en ai par-dessus la tête de toutes ces histoires!**

1 Pourriez-vous me passer le sel, s'il vous plaît?

2 Quoi!? Elle lui balance une gifle et il répond: 'je vous aime'?

3 Vous ne trouvez pas que vous exagérez un peu de rentrer à cette heure-ci?

4 Mais qu'est-ce que ça peut bien leur faire que je sois mariée ou non?

IV
Attitude

Expressing an attitude towards someone or something usually means that we are introducing a personal, subjective element into communication: we are indicating our reaction to someone or something, we are evaluating, and making judgements – in a non-detached way. And we may do so spontaneously or intentionally.

Closely related to attitudes are the emotions and feelings which most of us experience and express from time to time. These, too, are personal and subjective, and, on occasion, they may in fact be attitudes. The focus of this section is, then, on the communication of attitudes, emotions and feelings and how we express them. We look first at the ways in which we *greet* or *take leave of* people when we are speaking or writing to them. Then we turn to the ways in which we express *congratulations* and *appreciation*, *apologies* and *sympathy*, and *surprise* and *disgust*. Finally, we consider ways in which we express contrasting attitudes, emotions and feelings: *likes*, *dislikes* and *preference*, *love* and *hate*, *enthusiasm* and *indifference*, *hopes* and *fears*, *approval* and *disapproval*.

105☆/☆☆ Read through the conversation below.

Translate into English the greeting/statements/leave-taking concerning a student exchange placement. Then suggest an appropriate reply in French using the information provided. Make sure you have the correct register – formal or informal.

1 Salut, j'm'appelle Thomas, j'suis un étudiant d'échange d'Angers, tu peux m'dire où est la cafèdes étudiants STP?
   Greet him, introduce yourself and offer to go for a coffee with him.

2 Bonjour enchanté, mademoiselle/monsieur, j'espère que vous avez fait bon voyage et que vous êtes bien installé(e). Je suis responsable des Relations Internationales et si vous voulez, je vais vous aider à sélectionner des cours pour votre emploi du temps pendant votre séjour à l'Université de Grenoble.
   Greet him appropriately, introduce yourself and say where you come from. Comment on your accommodation and time-table.

3 Je vais t'laisser, j'ai cours maint'nant et en plus, j'ai un test sur table! Alors salut, à plus!
   Wish Thomas good luck for his test and say you'll meet him as planned back at the students' residences around 6pm.

4 Voilà, votre certificat de présence est signé. Je vous félicite pour votre assiduité et votre participation à mes cours pendant votre séjour ici. Je vous souhaite de continuer à réussir dans vos études! Au plaisir mademoiselle/monsieur . . .
   Thank the lecturer as you found her sessions particularly relevant and useful, and take your leave.

106 Consider the following family announcements:

(i) HARRIS Donald and Judith (née Sires) are delighted to announce the birth of their daughter, Clara Eva Sophie, on July 12, 2004, a sister for David. Our thanks to staff at Maternity Pavilion, Perth Royal Infirmary.

(ii) MORRIS – O'CONNOR The engagement is announced between Simon, son of Mr and Mrs Paul Morris, of Currie, Midlothian, and Lisa, younger daughter of Mr and Mrs Alan O'Connor, of Dublin.

(iii) SINCLAIR – THOMPSON At Greenbank Parish Church, Edinburgh, on June 10, 2004, by the Rev Iwan Spencer, Neal, son of Douglas and Caroline Sinclair, Solihull, to Isobel, elder daughter of Hamish and Fiona Thompson, Polwarth Gardens, Edinburgh.

(iv) MATTHEWS – Peacefully, at Gilford, Dirleton, on September 2, 2004, John Alan Matthews, dear husband of Kirsty and devoted father of Hugh and Helen. Service at Glen Chapel, Middleton Crematorium, on September 6, at 11.45 a.m.

Translate all four announcements into French. Then write a message of congratulations to (i), (ii) and (iii). Say thank you and accept an invitation to (ii). Say thank you and decline (with apologies) an invitation to (iii). Finally, write a message of sympathy to the family in (iv).

107 In the following telephone conversation, follow the instructions to take on the role of A, i.e. answering the call:

A: *Announce your company, name and say good morning.*

B: Oui, bonjour! Pourrais-je parler à M. Duhamel, s'il vous plaît?

A: *Ask who is calling.*

B: Dominique Doyon, de Loire Etanchéité.

A: *Ask for the spelling of the name and then ask what the call is about.*

B: C'est au sujet d'une livraison qui aurait dû être effectuée hier.

A: *Ask the caller to hold the line while you check whether M. Duhamel is in.*

B: Oui, merci.

A: *Tell the caller M. Duhamel is not available (give an excuse) and ask if you can take a message or a telephone number for a return call.*

108 Respond in French as instructed in the following situations. Vary the expression for apologies as much as possible, and make sure you have the correct register – formal or informal.

1 You bump into a classmate and her lecture notes scatter on the ground.
   Apologise, offer to help and say you hope that you have not messed up the sequence of sheets.

2 Same as above, but this time you have bumped into one of your lecturers.
   Apologise formally, say you were not looking and offer to help collect the papers.

3 The bus you were travelling on broke down and as a result, you are half an hour late for your first lecture.
   Apologise to the tutor, explain the unfortunate event.

4 Same result as above, that is, you are late for your first lecture, but this time you simply failed to wake up after a very late night!
   Apologise to the tutor, say that you will endeavour to catch up, and that you will make sure that it does not happen again.

5   As a student representative, you were due to attend a Staff–Student Committee meeting next week. This clashes with an important medical appointment which you cannot postpone.
    Send an e-mail to the Chair of the Committee giving your apologies, explaining why you cannot attend and sending best wishes for a successful meeting.

6   You know that you offended one of your best friends at a party the night before when you got a bit drunk.
    Send a note to your friend asking for forgiveness, explaining that you did not mean it and expressing regret at having a big mouth when drunk!

109∗/∗ Apart from intonation, there are many interjections (**oh! ah!** . . .), short expressions (**sans blague! ça alors! tu plaisantes?! berk!** . . .), **quel** or **comme** (**quelle horreur!, comme c'est beau!** . . .), verb phrases (**nous avons été sidérés par** . . ., **je suis étonnée de** . . . /**c'est** . . . (**une honte! répugnant!** . . .), which you can use to show your attitude or reaction to something.

The following statements are made to you by a friend. Translate them into French, then express the feeling(s) indicated in brackets.

(i)   I passed my driving test after only three lessons. (surprise and admiration)
(ii)   I love eating camembert and chocolate. (disgust)
(iii) My landlord has just announced that the rent is to be doubled from next month. (sympathy and disgust)
(iv)   I hear that cannabis is being sold over the counter in British pubs. (surprise)
(v)   My exam results have won me a distinction. (admiration)

110∗/∗ To express likes, dislikes and preference you can use verbs such as **aimer, plaire, préférer, éprouver du plaisir à** . . ., and many emphatic expressions (**ce qui me déplaît/ce que j'aime** . . ., **c'est que** . . .), **être** + adjective (**amateur/friand de** . . .), **avoir** + noun (**une préférence/prédilection pour** . . .), impersonal forms (**cela me convient mieux/il est préférable de** . . .) or short phrases (**super! c'est génial! bof!**. . .).

Answer the questions below, following the instructions given in brackets:

(i)   Est-ce que tu aimes les films italiens? (you love them!!)
(ii)   Et les films allemands? (some you quite like but you prefer Italian cinema)
(iii) Moi, j'adore les grandes sagas du genre *Autant en emporte le vent*, pas toi? (no! in fact you hate that film!!!)
(iv)   Et si on allait au cinéma ce soir? (give an enthusiastic *yes*)
(v)   Aux Studios, on passe *La strada* et *La dolce vita*? (you don't mind which one – they are both excellent!)

111 ∗ Give an opinion on the following items. If you like (or *love*) the things, say so and explain why. If you do not like (or *hate*) them, say so and say what you prefer instead.

(i) les sports d'hiver (ii) les escargots (iii) les films d'horreur (iv) les voitures de sport (v) les supermarchés (vi) regarder la télé (vii) les promenades à la campagne.

112 ∗ Make a series of complete sentences/statements using each of the following openings with 'en France', 'en Grande-Bretagne', 'chez les Français', 'chez les Britanniques', 'à l'université', 'quand je suis chez moi'.

Example: **Ce que j'adore *quand je suis chez moi*, c'est traîner en pyjama, parler à mes plantes vertes et regarder la pluie tomber sur mes fenêtres . . .**

Ce qui m'énerve *chez les Français*, c'est leur manque de discipline et leur fierté parfois mal placée.

Over to you now!

1 Ce que j'aime   , c'est
2 Ce qui me déplaît   , c'est
3 Ce qui m'énerve   , c'est
4 Ce que je déteste   , c'est
5 Ce que j'adore   , c'est
6 Ce que je préfère   , c'est

113*/* Complete the following letter asking for a pen-pal:

J'ai 15 _____ et j'aime _____ gym, _____ cinéma, _____ sport, _____ voyages, _____ mer, _____ informatique. J'adore écouter _____ reggae, _____ rap. J'aime jouer _____ handball et je collectionne _____ poèmes d'amour. Je déteste _____ école et _____ impolitesse. Je recherche _____ correspondants _____ France et _____ Afrique. Je suis à la recherche _____ garçons venant _____ Etats-Unis, _____ Canada, _____ Japon, _____ Nouvelle-Zélande. Je suis passionnée de Tintin. Ecris-moi si tu parles _____ anglais, _____ français ou _____ allemand.

V
Argumentation

Effective communication usually requires a certain amount of planning, and this involves the need to

(a) structure what we want to say or write
(b) determine the best strategies to employ
(c) select the means of expression most suited to the structure, to the strategies, and, above all, to a specific context or situation.

The structure is the *plan* in what we are saying or writing, the strategy is the *function* we are employing, and the means of expression is the *grammatical* or *lexical* structure (for example, verb construction, noun phrase) which is most appropriate for the plan and the function.

It may be that a single word is enough to achieve what we want, but more frequently we are involved in a discussion or explaining something or arguing a case and so on. Often, there is simply not enough time to plan carefully what we want to say – though there is more time when we are writing. Also, it would be virtually impossible to try to learn every function and every means of expression. However, if we are familiar with some kinds of plan, with various types of function, and with some of the means for expressing them, then we can not only use them ourselves, but recognize them when we are listening to or reading what other people are saying or writing.

There are many kinds of plan in what is said and written, and these plans vary in complexity. Examples of plans, or planning, are the following:

(a) creating a clear overall structure with an introduction, middle section and conclusion
(b) listing a series of points
(c) putting another point of view and defending it
(d) proceeding from cause to effect, or vice versa.

In some situations, parts of plans may be enough and indeed appropriate for achieving what we want, for example, only part of (c). At other times we may need to put into action a fully developed plan, for example, a combination of (a)–(d). Finally, we must remember that there is no single, perfect plan suitable for every situation or context.

The functions available to us when we want to achieve something in argumentation are many. We may, for example, want to agree, indicate doubt, reject, criticize. We may wish to emphasize, persuade, influence, express obligation. Whatever it may be, whether we are initiating a discussion, making a speech, contributing to a conversation, reacting to a comment, broadcast or report, we have at our disposal a wide range of possible moves. We cannot, of course, know how someone is going to react to what we are saying or writing, so we need to have access to a range of responses in order to adapt to an unforeseen reaction, and respond appropriately.

The exercises on argumentation provide a comprehensive range of functions – and the means of expressing them – which are in fairly common use. You will recognize them when people are speaking and writing. It is recommended that you try to put them into practice in speech and writing whenever appropriate. The functions are presented as follows – *agreeing* and *disagreeing, asserting* and *confirming, admitting* and *conceding, correcting* and *protesting, contradicting* and *criticizing, suggesting* and *persuading,* expressing *volition, permission* and *obligation, doubt* and *certainty, logical relations, opposition,* and *structuring.*

114 Agree or disagree with the following statements. Indicate (i) what your spontaneous reaction on hearing these statements would be, and (ii) what your written response to the author(s) of these statements would be.

> Example: **Il est grand temps de supprimer toutes les bourses d'étudiants.**
> **(i) C'est hors de question! (ii) Je n'accepte pas l'idée selon laquelle il faudrait supprimer . . .**

1 Il est grand temps d'interdire tous les tests nucléaires.
2   de favoriser le mariage plutôt que l'union libre.
3   d'interdire l'avortement.
4   d'imposer un impôt sur les grandes fortunes.

115 Confirm the following statements by following the instructions given in English:

> Example: **Allô, bonjour, je voudrais réserver deux billets d'avion Paris–Edimbourg pour le 13 décembre.**
> (*give written confirmation of the booking from the travel agency*)
> **Nous sommes heureux de confirmer votre réservation sur le vol AF308/Paris–Edimbourg/13.12.96 et veuillez trouver ci-joint tous les documents nécessaires.**

1 Selon des témoins, une dizaine de personnes auraient été blessées dans l'attentat qui vient de se produire.
   (*give a subsequent announcement by a newspaper reporter that police have confirmed 12 casualties*)
2 Dans sa déposition, le témoin avait déclaré avoir vu Yves Ganteau s'introduire chez la victime à 23h 00.
   (*repeat a lawyer's reminder to the jury that previous witnesses confirm this*)
3 Tiens, votre camarade Maillou n'est pas en classe ce matin! Est-ce qu'il est malade?
   (*state a classmate's reply of disbelief, for Maillou was in fact on the school bus in the morning*)
4 Mme Delors a demandé si le rapport annuel de la société avait été rédigé.
   (*provide the next statement in the minutes of the meeting: that M. Juppé confirmed mailing of the annual report to all shareholders*)

116 When you are making a concession to someone, it is often appropriate, and polite, to do so in three stages: 1 concession (by agreement with the person or statement just made); 2 transition; 3 disagreement or different point of view. Use the stages in the statements opposite.

> Example: **Le loto récemment institué au Royaume-Uni répand le vice du jeu chez les mineurs.**
> **> *Il est évident* (concession/agreement) qu'il existera toujours des cas de mineurs qui s'adonneront au jeu en infraction à la loi; *n'empêche que* (transition) le loto procure des sommes importantes aux organisations charitables et partant, *bénéficie* (different point of view) à toute la société.**

1 Certains chômeurs ne souhaitent pas retrouver du travail.
2 La nouvelle galerie commerciale donnera 500 nouveaux emplois à la ville.
3 Tu as l'âge de prendre des décisions personnelles.
4 Vous nous avez envoyé une seconde facture.
5 Le bâtiment ne pourra pas être entièrement remis à neuf.

117 ✲✲ You have expressed some views on a number of topics which have led to the following reactions (1–3). You now correct, protest or explain exactly what you originally meant.

> Example: **Si j'ai bien compris, vous préconisez un retour à cette pratique barbare qu'est la peine de mort?**
> **Non, vous m'avez mal compris(e), je n'ai pas dit qu'il fallait rétablir la peine de mort mais que je comprenais les raisons avancées par certains groupes de pression dans ce domaine.**

1 C'est vrai, tu as raison, je n'arriverai jamais à rien dans la vie . . .
2 Alors comme ça, vous pensez que l'on peut se passer de tous les hommes politiques?
3 Vous voulez dire que je devrais repasser mon permis de conduire, alors que je roule depuis cinquante ans?

118 ✲✲ Draft a vehement exchange of ideas between the two sides of the debate presented in the following debate on television on whether the Millennium Fund should award £42 million for the development of cycleways. The points made in support of the pro-cycling lobby are given under (i), and those supporting the pro-motoring lobby are given under (ii). Present the pros and cons as a discussion rather than a set of separate points. Use a variety of forms expressing contradiction and criticism, e.g. **non, mais si au contraire, c'est inadmissible, rejeter catégoriquement**, or **il n'en est rien, contrairement à, démentir.**

(i) It seems a lot to spend on cycle paths, but I would argue for a great deal more. By comparison with the road-building budget, it is negligible. I know that cyclists annoy motorists sometimes. The answer is to separate them and you can do that only if you create cycle paths. People are altogether much nicer to one another on bicycles – after all you don't hear of cycle rage. They deserve protection from these monsters who tear around terrorising them. It's unfair to say that the money should be given to something like Bosnian refugees because the Millennium Fund has a specific purpose. A network of cycle paths is low tech, low cost and a lot more worthwhile than lining the pockets of the Churchill family.

(ii) There are more and more facilities provided for cyclists around London and they hardly ever seem to be used. I don't know what the routes of these new cycleways are but I would suspect that a lot of them would be pretty lightly used. The cycling lobby is always pressing for more money to be spent, but they don't seem to offer to do much themselves. I do think cycling should be encouraged but the cycling lobby should not expect everyone else to pay for it. Motorists pay road tax. Cyclists should make more of a contribution. Personally I would like to see the money used to find ways of speeding up the flow of traffic in London. There could be junction improvements, traffic light schemes, taxi and bus lanes. That would be my choice!

119 ★★ A friend who wants to negotiate a pay rise but does not know how to go about it, asks you for advice. Use the instructions given below to advise your friend, first over the telephone, then in a letter. Work with your French assistant on this one.

1 Focus your attention on the right person; if your boss is satisfied with your work, he or she may be more sympathetic than the personnel department.

2 Prepare your case, highlight your achievements, particularly those which bring income to the company.

3 Collect information about what other people earn in similar jobs and background information such as the inflation rate.

4 Consider redefining your job, for example asking for more responsibilities and therefore more pay. But don't be too cocky in describing your abilities!

5 Pick the right time, for example in terms of the annual budget.

6 Think carefully before you press your request by threatening to leave; but, if you are indispensable, it may work.

120 ★★ Read the following advertisement and identify the forms used to persuade the reader to do, or not to do, something. Then rewrite the text, expressing persuasion in a different way. You could begin, for example, with **Si vous faites l'amour avec Gilles, il faut que vous . . . Si vous pratiquez . . . vous avez intérêt à . . . il est la meilleure protection . . . Pour éviter . . .**

> Quand vous faites l'amour avec Gilles, pensez à protéger Jérôme. Si vous pratiquez la pénétration anale entre hommes, le préservatif, bien utilisé, est la meilleure protection contre le virus du sida (VIH) et les maladies sexuellement transmissibles (MST). Afin d'éviter tout risque de rupture du préservatif, il est recommandé d'utiliser un gel à base d'eau, en vente dans les pharmacies et certaines grandes surfaces. Si vous avez plusieurs partenaires, adopter le préservatif c'est se protéger soi et les autres. Pour en parler, Ecoute Gaie au (1) 44.93.01.02 et Sida Info Service au 05.36.66.36. Protégez-vous du sida!
> (Ministère de la santé publique et de l'assurance maladie)

121 ★★ 1 In the following scene, it is assumed that you have just entered a travel agency. Take the role of B, saying what you want and using different forms which express volition.

> Example: **vouloir que, désirer, avoir envie de, compter, j'aimerais, ça m'arrangerait si, c'est (im)possible, souhaiter, envisager, être disposé à, veuillez.**

Then identify expressions of volition in A's interventions.

A: Bonjour. Qu'est-ce que je peux faire pour vous?

B: 1 *Say that you want to take a holiday somewhere warm in the first two weeks of December.*

A: Bien, puisque vous n'êtes pas fixé(e) sur une destination . . ., nous avons deux offres spéciales en décembre – Lisbonne au Portugal et la Gambie.

B: 2 *State that you really wish to be by the sea and get some sun, that you'd rather not spend your holiday in a city, and therefore Gambia seems to be the one!*

A: Bon, alors allons-y pour la Gambie. Excellent choix, il y a des kilomètres de plage et le soleil assuré! Vous désirez seulement une location ou un forfait tout compris?

B: 3 *Answer that you'd welcome the flexibility of half-board if possible, because you intend to go on day trips and would like to be free between breakfast and evening meal.*

A: Je comprends mais malheureusement, je ne peux pas le faire pour la Gambie, nous avons des contrats un peu rigides. Par contre, il nous est possible de vous proposer une chambre d'hôtel avec petit déjeuner . . .

B: 4 *Say that that would be fine, because you are determined to have as few commitments as possible during this holiday. Ask politely whether the ticket could be sent directly to your home address as this would help you a lot.*

A: Pas de problème!

B: 5 *Point out that you had made the same request on a previous occasion but the ticket never arrived. You know it was not deliberate but still . . .*

A: Ne vous inquiétez pas, c'est comme si c'était fait, j'en prends bonne note! Maintenant parlons de dates.

B: 6 *Indicate that you intend to leave on Saturday 2nd and had planned to fly back over the weekend of the 16th–17th if possible.*

122 ⋆⋆⋆ You work for the purchasing division of a British off-licence chain and have been given the following instructions to write to one of your French suppliers. Use **nous, je** or a combination of both and different forms expressing volition, e.g. **aimer, veuillez, souhaiter que, être reconnaissant que, prier quelqu'un de**.

- Indicate that you are out of stock of white Burgundy wines and therefore wish to place a new order.
- Specify that you require 2,000 bottles for immediate delivery and a further 1,500 within two months.
- Add that you would prefer delivery to be arranged by train and would expect the crates to be clearly marked.
- Point out that the management is considering introducing 'Beaujolais Nouveau' in the retail outlets and wonders whether this could be supplied.
- Ask (politely) for details to be forwarded about this and for a general price-list and catalogue to be sent.
- Add that you intend to go to France on business in the near future and would wish to have a meeting with your addressee.
- Finish up by indicating that you would appreciate an early reply, as you would like to make arrangements as soon as possible.

123 ⋆⋆ Read the following text and fill in the gaps with appropriate forms expressing permission, prohibition and obligation. For example, you can use the forms listed below or similar phrases containing nouns, passive forms, impersonal verbs . . . In some cases, you may have to change the structure of the sentence: if you use the forms given below, make sure you use the appropriate construction after them.

Permission: **permettre, autoriser, pouvoir, avoir le droit, être en droit**
Prohibition: **interdire, défendre, ne pas être admis**
Obligation: **obliger, exiger, être tenu de . . . selon le règlement, devoir, il faut, il est indispensable**

Que prévoit la loi sur la publicité pour le tabac en Belgique?

La loi _____ la publicité pour le tabac, à la radio, à la télévision, au cinéma et dans les magazines pour jeunes. Elle _____ aussi la distribution gratuite de produits à base de tabac, d'autocollants et de dépliants publicitaires. La publicité _____ dans les publications pour adultes et sur des affiches, mais seulement à certaines conditions.

_____ la loi, une personne qui veut faire de la publicité pour des produits à base de tabac dans un magazine (_____ un magazine pour les jeunes!) ou sur des affiches _____ représenter le produit non allumé ou son emballage.

_____ aussi _____ d'inscrire le nom et l'adresse du fabricant, le nom de la marque et le prix. Mais la loi _____ représenter les produits à base de tabac allumés, une personne en train de fumer et les objets ayant un rapport avec le tabagisme.

Dans les journaux pour adultes, chaque marque _____ utiliser une demi-page au maximum.

Dans les magazines, chaque marque _____ une page. La pub pour le tabac sur des affiches _____ dépasser une surface de 16 m².

De plus, sur chaque publicité en faveur du tabac, on _____ lire l'inscription 'Nuit gravement à la santé'. On _____ lire aussi la quantité de goudron et de nicotine. Ces deux inscriptions _____ être écrites lisiblement, c'est à dire en caractères gras et noirs sur fond blanc. Dans les magazines et les journaux pour adultes, leur taille _____ être inférieure à 5 mm.

124 ⋮ The following letter gives information to students about what they have to do during their placements abroad. Identify all the forms expressing permission and obligation and suggest an alternative for each of them.

Mademoiselle/Monsieur,

Dans le cadre de la scolarité, vous allez effectuer un stage dans une université étrangère avec laquelle nous avons des relations de coopération.

Ce stage doit apporter beaucoup, tant sur le plan de votre formation que sur le plan de la connaissance du pays et des étudiants que vous serez amenés à fréquenter.

En principe, votre stage sera d'une durée de 4 mois. Je vous demande donc de prendre vos dispositions pour rejoindre l'établissement avant le 31 janvier prochain et ceci, afin de concentrer le travail que nous aurons à faire dans les 4 mois qui nous sépareront de l'examen de sortie.

Pour ce qui est des cours que vous aurez à suivre, veuillez choisir les enseignements en fonction de votre formation c'est-à-dire privilégier les cours de langues et de civilisation. Néanmoins vous êtes également autorisé(e) à suivre des conférences de culture générale qui peuvent élargir votre horizon.

Compte tenu de l'importance que prend le stage en université étrangère, il est indispensable d'en tenir compte pour la totalisation des points en vue de l'examen de sortie.

Selon le nouveau règlement en vigueur, la note qui sera donnée sanctionnera donc un rapport que chaque étudiant est tenu de remettre au directeur, et qui fera ressortir la manière dont s'est déroulé le stage universitaire. Il devra comporter environ 10 pages dactylographiées et sera remis avant le 1er mars de l'année universitaire. (Il ne doit pas être confondu avec le rapport de stage.)

Vous en souhaitant bonne réception, je vous prie d'agréer, Mademoiselle/ Monsieur, mes sincères salutations.

Le Directeur

125 On the basis of the following table of recommendations, make sentences using various forms expressing permission, prohibition, obligation and exemption.

Example: – **Tu sais bien que ta peau rougit toujours et ne bronze jamais; il faut que tu utilises un produit solaire à indice de protection maximale.** (Phototype 1)
– **Si votre peau est naturellement très pigmentée, vous n'avez pas besoin de produit solaire.** (Phototype 6)

Phototype	Réaction de la peau au soleil	Indice de protection
1	Rougit toujours, ne bronze jamais	25 à 30
2	Rougit toujours, bronze parfois	15 à 20
3	Rougit parfois, bronze toujours	10 à 15
4	Rougit jamais, bronze toujours	5 à 10
5	Naturellement un peu pigmentée	5
6	Naturellement très pigmentée	pas de protection

126 Imagine that you have to write a friendly notice for children in a holiday camp, telling them what they have to do to protect themselves from the sun. Use the second person singular imperative.

127*/* The following sentences each contain an imperative form, but only one is a genuine order. The others express an invitation, a concession, a wish, an assumption. Identify the function of each of the imperatives.

Example: **Accompagne-moi ce soir! Je vais au théâtre.** (invitation)

1 Soyez généreux! 2 Amusez-vous bien! 3 Vas-y, prends le dernier gâteau, moi je n'ai plus faim! 4 Ne touchez pas à mes affaires! 5 Persiste dans ces projets et tu seras mis en faillite!

128 Rewrite the following weather forecast introducing forms expressing possibility or probability, e.g. **il est vraisemblable que, probablement, pourraient, il y a des chances, permet d'envisager, il est à prévoir:**

Mercredi matin, de nombreux nuages bas, ou localement des brouillards, seront présents du Nord à l'Ardenne, au Centre, à l'ouest du Massif central et à la Bretagne; en cours de matinée quelques éclaircies seront de retour, mais les nuages seront porteurs de quelques ondées près des côtes de la Manche. Sur l'Aquitaine, le ciel restera chargé avec des pluies faibles alors que les Pyrénées seront sous les nuages avec de la pluie ou de la neige au-dessus de 2 000 mètres. Sur le Languedoc-Roussillon, la tramontane apportera quelques éclaircies. L'après-midi, le temps restera maussade et pluvieux sur la façade est du pays, avec des pluies localement orageuses sur l'extrême sud-est et la Corse. Partout ailleurs, les passages nuageux alterneront avec de timides éclaircies, de plus, quelques averses pourront se produire du Cotentin au Nord et au Massif central.

129 ⋮ Read the following text about prospects for the car industry.

1 Identify the forms used to express possibility and probability.
2 Use an alternative form for possibility and probability in the sentences you have identified.

PERSPECTIVES
Le marché européen devrait croître très modérément en 1995. En France, le niveau des immatriculations pourrait atteindre 2 000 000 de voitures particulières, soit une quasi-stabilité par rapport à 1994, sous réserve que la fiscalité frappant les automobilistes ne soit pas à nouveau alourdie.
Pour Automobiles Peugeot, 1995 sera encore une année riche en lancements de nouveaux véhicules, destinés à renouveler ou développer son offre, tandis que sera commercialisée la 106 électrique. La Carte Peugeot, lancée en mars 1995, constitue également une première en France.
Ce développement des produits et des services offerts, associé à un progrès constant de leur qualité, amène Automobiles Peugeot à se donner des objectifs ambitieux pour 1995. En dépit du durcissement de la concurrence, Automobiles Peugeot pourrait ainsi gagner de nouvelles parts de marché en France et en Europe.

130 ⋮ You are B in the following interview, relating to the same topic as the previous exercise. Take your turn – speaking French of course.

A: L'année a plutôt mal commencé, dans un climat d'incertitude.
B 1 *Say that this is possibly the case, but that the economy should improve; and in fact, the impetus for this is probably expected to come from the USA.*
A: Peut-être . . . mais en attendant, il n'y a aucun signe de reprise et le marché européen de l'automobile s'en ressent.
B 2 *Say that according to available forecasts, there should be an upswing in demand in France, and perhaps in other European countries as well. Moreover, the likely elimination of the highest VAT rate is expected to boost car sales in the coming months.*
A: Quels seront les événements de l'année et leur impact pour votre groupe?
B 3 *Say that two new models, the Citroën ZX and the Peugeot 106 should be launched in March, which will undoubtedly be favourable to the Group.*

131 ⋮ Explain how the following situations (i) *might have been* prevented or *might have been* caused, or (ii) *might be* prevented or *might be* caused, using a conditional clause with **si**, or another form expressing condition, e.g. **à condition que, dans l'hypothèse où, pourvu que, à moins que + ne, supposons, dans ce cas**:

Example: a child being run over
(i) **Si l'automobiliste avait respecté le passage-piétons, cet enfant n'aurait pas été renversé.**
(ii) **Tu ne risques rien, pourvu que tu sois attentif et traverses bien là où il faut.**

1 the national economy recovering
2 having a good/bad year for wine
3 students worrying about the future
4 arriving late somewhere

132 ⋮ Link two, or three, of the following sentences to show relations of cause and consequence. Identify the cause(s) and consequence(s).

- Il pleut des cordes depuis trois jours.
- Nous ne pourrons pas aller au zoo.
- Le pique-nique sera sans doute annulé.
- Vous trouverez peut-être des champignons.
- Il y a beaucoup d'humidité dans les salles de classe.
- Sa bagnole est tombée en panne.
- Ils ont pris l'autobus pour aller jusqu'au supermarché.
- Elle a décidé de ne pas aller au marché.
- De nombreux enfants sont souffrants.

133 The following sentences form part of a narrative but have been jumbled up. Work out the appropriate sequence in order to obtain a coherent text, with the causes followed by consequences.

1 Si j'ai traité les policiers de fachos, c'était juste pour rire!

2 A cause d'un travail stressant et de mes mauvaises relations avec mes collègues, j'ai eu une journée difficile au bureau.

3 N'ayant pas trouvé ça très drôle, ils m'ont fait souffler dans le ballon et m'ont raccompagné chez moi.

4 Au bout d'une heure, je n'avais plus rien à boire, alors je suis allé au supermarché pour acheter une bouteille de whisky.

5 Heureusement, la bouteille de whisky était toujours dans ma poche.

6 En rentrant chez moi, j'ai donc décidé de boire plusieurs bières.

7 J'ai pu ainsi me remettre de mes émotions . . .

8 En revenant du supermarché, j'ai eu un accident de voiture et il a fallu que j'aille au poste de police.

134 Write a short text of five or six sentences in which you contrast two places you are familiar with, for example your home town and a place where you have spent a holiday. Use various forms such as **bien que, si, à la différence de, au contraire, par contre, pourtant, tandis que** . . . include other ways of expressing opposition, and some relative clauses.

135 Read the following text and identify forms used to suggest opposition:

L'Europe s'unifie

La Communauté n'a aucun ennemi juré et ne connaît pas l'esprit d'hégémonie. Ses institutions produisent des actes juridiques contraignants pour les Etats membres et pour les citoyens. Quoique encore imparfaites, les institutions n'en révèlent pas moins l'identité communautaire: le Parlement européen, le Conseil des ministres, la Commission, la Cour de justice. Imparfaites, puisque les membres du Parlement européen, s'ils sont élus et sont directement responsables devant les citoyens, n'ont toutefois pas encore le droit de légiférer dont dispose une assemblée représentative; imparfaites puisque le Conseil des ministres, s'il possède le pouvoir de décision le plus étendu, n'est soumis à aucun contrôle démocratique direct, comme l'est tout gouvernement national; imparfaites enfin, puisque si la Commission dispose d'un droit d'initiative dans le processus législatif, ses membres ne sont cependant pas élus, mais nommés par les gouvernements.

(*La Communauté Européenne – 1992 et au-delà*, Office des Publications Officielles des Communautés Européennes, Luxembourg, 1991)

136 ★★★ On the basis of the following key phrases, improvise the beginning of a welcoming address at an annual international conference on higher education where the working language is French:

- welcome to all in Edinburgh/last year Madrid
- in particular new delegations from Portugal and Hungary
- honoured to be chairing first working session
- introduce topic of the conference, i.e. student exchanges
- introduce first keynote speaker

Now imagine that the first speech has been delivered and

- thank the speaker
- indicate that it is time to turn to point 3 on the agenda, i.e. dispersal of delegates into workshops
- thank all present for their attention in the plenary session
- wish them successful discussion in individual workshops

137 ★★ Write a paragraph to present the outline of a book you have recently studied, using forms such as **c'est pourquoi un premier chapitre rappellera . . . avant que le deuxième ne traite de . . . et l'on insiste encore au chapitre 3 sur . . ., durant la première partie . . . la seconde partie porte, elle, sur . . ., le chapitre 4 vise à, d'une part . . . d'autre part, c'est le thème des deux derniers chapitres . . .**

138 ★★ The following structures – with dashes – are often found at the end of reports. Note that noun phrases are used in the first conclusion and infinitives in the second. Reverse the forms.

(i) Compte tenu des circonstances de l'incident et des témoignages recueillis, il y a lieu de recommander:

- d'une part, un versement de 230 E en dédommagement au client,
- d'autre part, une révision interne des procédures d'expédition et de livraison des marchandises,
- enfin, l'envoi d'un courrier de réclamation au transporteur auquel incombe une partie de la responsabilité.

(ii) Les conclusions de ce rapport sur la grippe mettent en relief la nécessité:

- de mieux informer la population âgée sur les différents types de maladies et leurs symptômes,
- d'organiser une campagne de prévention et de vaccination au niveau européen,
- de compléter la formation des généralistes en matière de dépistage.

139 ★ Write a paragraph introducing the topic and outline of a French essay which you have to hand in, using each of the topics below as well as the sub-headings (as a basis for the outline). Remember to vary the expressions as much as possible.

Then use the information and pretend that you are addressing your classmates for an oral presentation based on the same topic(s). Do not cheat by simply reading the paragraph aloud!

Example: (written) **L'abus de drogue chez les jeunes en Europe: tel est le thème de cette dissertation qui sera organisée en trois parties . . . Dans un premier chapitre, il sera question de . . .**

(oral) Bonjour, mon exposé, aujourd'hui, est consacré au thème de la drogue chez les jeunes en Europe. Si vous le permettez, j'aimerais traiter cette question en trois parties. Dans un premier temps, je parlerai de . . .

1 The education system in France
   - Primary education
   - Secondary education
   - Higher education
   - Current challenges

2 Drug abuse among young people in Europe
   - Background information and statistics
   - Policies: repression vs tolerance?
   - New millennium, new trends

3 New World wines: a threat for the European wine producers?
   - Recent market trends
   - New World perspective
   - European perspective
   - Conclusions

4 Immigration in France
   - Historical review
   - Current debate: threat or opportunity?
   - Results of a survey
   - Recommendations for future policies

Answer key

Note to students and teachers: To assist with the answers to the function exercises, we have suggested what *could* be an appropriate answer, with our choice of names, places . . . and **one** way of making introductions, describing someone, persuading someone to do something . . . There are always other ways.

1

(i) 1 L'étudiante était ravie du résultat de son examen. 2 Il est allé chercher un dictionnaire d'italien. 3 On a trouvé un prof en train de discuter un film de Tavernier. 4 Y avait-il une bouteille de vin sur son bureau?

(ii) 1 Ils ont oublié d'obtenir un double/des doubles de leur/leurs permis de conduire. 2 Ils se souviennent du numéro/des numéros de téléphone. 3 Elles ont appliqué cette méthode/ces méthodes à leur entreprise/leurs entreprises. 4 Nous nous occupons du chien/des chiens de notre beau-frère/nos beaux-frères quand il est/ils sont en France. 5 C'était/C'étaient des profs sympathiques. 6 Elles ont mangé des petits pois; elles en sont malades! 7 Y a-t-il un nouvel film/de nouveaux films au Centre Pompidou cette semaine? 8 Elles ont des petits amis français. 9 Nous répondons toujours immédiatement à une lettre/des lettres/aux lettres de réclamation. 10 Elles ont emprunté un livre/des livres à la bibliothèque. 11 Nous nous sommes trompés de nom/noms. 12 Ces bicyclettes appartiennent aux petits garçons. 13 Les gouvernements au pouvoir ont des préjugés contre les familles monoparentales. 14 Des bénévoles ne tarderont pas à venir. 15 Ses/Leurs tables servent de bureaux.

2

1 à, au, à la, au 2 d'/en 3 de 4 au, à l', d' 5 aux, à, à la, aux 6 de la 7 de la 8 du 9 du, de la 10 un 11 une/de la, de l', du 12 de 13 du, de l' 14 du/de la 15 de, de, de, de, d'une, de, d'une, la, la, des, au, à l', des, des, de.

3

1 Ma voisine, aux cheveux châtain clair et aux yeux verts immenses, est grande avec la taille fine. Elle a la trentaine et est clerc de notaire. Elle est toujours souriante, serviable et généreuse. 2 Le directeur du supermarché, qui a la barbe abondante mais le cheveu rare, porte de petites lunettes rondes appuyées sur ses oreilles décollées. C'est peut-être en raison de sa petite taille qu'il est aussi prétentieux et agressif! 3 A vous l'honneur!

4

1 les, sa, ses, sa, les 2 nos, nos, notre 3 votre, les, vos, votre 4 leurs, leur, le leur 5 les, ton, la mienne 6 vos, les nôtres 7 tes, ton, tes, les miens, les

5

son, l', la, des, ses, le. Ces, elle, lui, sa, son. La, des, du, de l', à l', les, de l', de la.

6

qui. ce qu', ce qu'. qui, qu'. laquelle/quoi. où/quel, quelles. qui, dont. qu', qui. ce que.

7 1 que 2 à laquelle/à qui 3 auquel/à qui 4 par moyen duquel/par lequel/au moyen duquel/par où 5 à qui/dont 6 avec laquelle/avec qui 7 par où/par lequel 8 que 9 selon lequel.

8 1 C'est un mot qu'on ne trouve pas dans . . . 2 Les réponses qu'elle a données n'étaient . . . 3 L'étudiante dont je t'ai donné l'adresse et le numéro de téléphone est . . . 4 Le médecin qui est venu ce matin est . . . 5 Le prof nous a offert des conseils que nous négligeons à tort en ce qui . . . 6 Ce journal dont chaque page ne contient que des images ne vaut pas. . . .

9 (i) 1 Donne-le-lui. 2 Elle essayait de la leur expliquer. 3 Doit-il y aller aujourd'hui? 4 N'allez pas les lui répéter.

(ii) 1 Assieds-toi./Ne t'assieds pas. 2 Vous en posez maintenant./Posez-en maintenant./ N'en posez pas maintenant. 3 Tu en manges./Manges-en./N'en mange pas. 4 Vous vous les brosserez avant de vous coucher./Brossez-les-vous avant de . . ./Ne vous les brossez pas avant de . . . 5 Arrêtons-nous./Ne nous arrêtons pas. 6 Tu le lui donnes./Donne-le-lui./Ne le lui donne pas. 7 Vous les prendrez./Prenez-les./Ne les prenez pas. 8 Tu leur en demanderas./Demande-leur-en./Ne leur en demande pas.

10 1 Après dix ans d'absence, il a fini par revenir chez les siens. Il m'a rendu mes livres mais j'ai encore les siens. 2 A la bonne vôtre, mes amis, et que la fête commence! Nous avons bien une tente de camping mais elle n'est pas aussi grande que la vôtre. 3 A la tienne, Etienne! J'ai oublié mon écharpe, tu peux me prêter la tienne? 4 Que l'on fasse seulement mine de s'attaquer aux miens et je deviens redoutable! Les lapins se sont attaqués à tous les légumes du voisinage sauf aux miens. 5 Nous devons y mettre du nôtre si nous voulons que le projet soit prêt à temps. Nous avons bien reçu votre message, veuillez maintenant prendre connaissance du nôtre. 6 Nos enfants ne sont pas des anges mais les leurs sont vraiment odieux! S'ils ne sont pas là pour réceptionner les colis, tu n'as qu'à les leur donner demain. 7 S'ils se sont moqués de moi, je le leur rendrai au centuple! Mon chien est beaucoup plus affectueux que le leur.

11 1 ces films-là, cet 2 Ces 3 ces verres-là 4 cette question-là/-ci 5 ces 6 Ces paysages-là/-ci 7 cet.

12 1 Cet 2 ce, ça 3 Cet homme-ci/-là 4 Ces hommes-là/-ci 5 cet hôtel-là/-ci 6 Ce, cette erreur-là/-ci. 7 Celles dont 8 Ça, c'est 9 ceux qui 10 Ce 11 ça 12 Ceci/Cela 13 C'/Ceci/Cela 14 Ça/Ceci/Cela 15 celui dont 16 cette, celle que 17 Ceci/Cela, cela/ceci 18 Ces, ceux dont 19 Ceux/Celles dont 20 Celui 21 celles 22 ceux qui 23 ces, celles 24 cela

13 (i) Depuis que je suis partie, je n'arrive pas à me décider . . . est-ce que je suis plus à l'aise dans . . . Voilà une heure que je marche et que je ne regarde que mes pieds . . . Je sais . . . je n'aurai peut-être pas . . . mais je risque . . . (ii) Voilà son CV. Il voulait poser sa candidature . . . et il doit donc avoir . . . Il est dégagé de ses obligations . . . Il n'a jamais été condamné à la prison ni à un retrait de ses droits . . . Il lui faut recueillir . . . sa candidature est bizarre! (iii) No: at present only men are required to do military service in France. (iv) . . . c'est pour nous . . . Nous trouvons . . . dans notre vie. Nous apprécions les bordeaux . . . qui ont marqué notre vingt et unième anniversaire, nous ne nous souvenons plus de ce que nous avons mangé mais nous nous souviendrons toute notre vie de ce que nous avons bu . . . Quand nous l'avons senti nous nous sommes arrêtés de parler. C'était pour nous . . . quand nous buvons un verre de vin . . . nous trouvons . . . décrire nos émotions.

14

1 quelqu'un 2 On, qu'on 3 qu'on 4 quelqu'un 5 quelque chose/quelqu'un 6 On 7 quelque chose 8 quelqu'un 9 On 10 On 11 quelques-uns 12 On 13 quelques-unes 14 quelque part 15 quelques-uns

15

1 tout: adverb 2 tout: pronoun 3 toutes: adverb 4 toutes: adjective 5 toutes: adjective 6 tout: adverb 7 Tout: pronoun 8 toute: adverb 9 toute: adjective, referring to the noun femme.

16

1 quoi 2 quand 3 comment 4 qui 5 quel 6 où 7 laquelle.

17

1 les autres 2 un autre 3 l'un de l'autre 4 l'une ou l'autre 5 D'autres 6 l'un à l'autre 7 les uns des autres 8 l'une l'autre 9 ni l'un ni l'autre 10 les autres 11 Ni l'une ni l'autre 12 l'un au-dessous de l'autre 13 l'une contre l'autre 14 l'un/les uns un peu avant les autres.

18

1 actifs/active, français/française, blancs/blanche, européens/européenne, fiers/fière, traditionnels/traditionnelle, beaux/belle, ces/cette, longs/longue, complets/complète, honteux/honteuse, frais/fraîche, grecs/grecque, professionnels/professionnelle. 2 marron, anglo-saxonnes, nu-pieds, nue, demi-journée, demie, aigres-douces, fraîches cueillies, grandes ouvertes. 3 américains/américain, poussiéreuse/poussiéreux, anglais/ anglaise, allemands/allemande. 4 All the adjectives end in **-aux** with the exception of: chantiers navals.

19

1 complet, indu, patient, précipité, soudain, clair, précis, bruyant, récent, artificiel, léger, nul, incessant, assidu, sec 2 clair/clairement, soudain/soudainement – voir/parler clair; dire/définir clairement – soudain = aussitôt; soudainement = tout à coup 3 doucement, couramment, modérément, consciemment, fréquemment, premièrement, vivement, principalement, exceptionnellement 4 mécontent, malheureux, irréalisable, impair, illégal, atypique, maladroit, anormal, dissemblable 5 inattendu, incompréhensible, inconnu, incontestable, indécis, indéfendable, indubitable, infatigable, indéniable; imprévu/imprévisible, impuissant/impossible, imprononçable, improductif, impuni.

20

1 trois cent un, quatre-vingts, cinquante et un, trente-deux, cinq cent soixante-deux mille quatre cent deux, soixante-seize millions d'euros, mille quatre cent quatre-vingts, quatre-vingt-onze. 2 premier(ière), deuxième, cinquième, neuvième, dixième, quatorzième, quarantième, soixante-dix-huitième, cent-unième, six cent quatre-vingt-troisième, mille cinquième, cinq mille sept cent quatre-vingt-neuvième. 3 le six septembre mille neuf/dix-neuf cent cinquante-quatre; le premier janvier mille neuf/ dix-neuf cent soixante-seize; le quinze novembre mille neuf/dix-neuf cent quatre-vingt-onze; le trente et un décembre mille neuf/dix-neuf cent quatre-vingt-dix-neuf; . . . du treize au vingt mai deux mille quinze . . . 4 un quart, cinquante-deux virgule huit pour cent, mille neuf/dix-neuf cent quatre-vingt-quinze. 5 soixante, soixante-dix-neuf, soixante-dix-sept, dix-huit virgule cinq pour cent, douze pour cent en mille neuf/dix-neuf cent quarante-six, vingt-huit pour cent en l'an deux mille.

21

1 asseyez-vous! 2 auriez pu 3 ont été déçues 4 nous n'irons pas 5 aurait dû se sentir concernée 6 va permettre 7 ne s'est jamais brossé 8 posaient 9 ne savaient pas 10 ne

s'entendront jamais 11 n'avions jamais accepté 12 ne supportera plus 13 Ce sera . . . serons 14 partageons 15 aurait/auraient dû être soumise(s).

22 1 fait (usual event) 2 pleut (happening now) 3 mangeons (usual event) 4 ne travaille pas (usual event/fact) 5 lit (happening now) 6 suis en train de (happening now) 7 arrête, fait (historic present) 8 va (continuous present).

23 1 convaincants 2 réfléchissant 3 différentes 4 différant 5 écoutant 6 contenant 7 courant 8 rôdant 9 négligeant 10 Ayant.

24 1 qui précédait 2 qui diffèrent 3 qui n'intéresse 4 qui s'inscrivent 5 qui ont consacré 6 qui avaient provoqué.

25 1 It has been snowing for . . . 2 He was living/lived/had been living . . . for . . . 3 We haven't eaten . . . for . . . 4 I've been waiting . . . for . . . 5 I have had . . . since . . . 6 How long have you been here? 7 I haven't seen her for . . . 8 He has been here for . . . 9 She hasn't been in touch with me for . . . 10 I haven't been/gone there for . . . 11 He has been at university for . . . 12 . . . since she returned . . . 13 How long had he been learning Chinese? 14 We had been working/had worked there/on it since. . . .

26 (i) 1 she would come (demain) 2 would not be (prochaine) 3 can't . . . wants (toute sa vie) 4 will go (quand + future reference) 5 are back . . . can (Lorsqu'elles + future reference) 6 could/can (jeudi + future reference) 7 finishes (dès qu'il + future reference) 8 can/could . . . have given them back (quand + future reference) 9 they'll have missed the train (probability, supposition) 10 250 feared dead (supposition, assumption).

(ii) 1 auraient 2 auras mangé 3 va répéter 4 décollera 5 aurais demandé 6 arrivera/sera arrivé 7 doit/devra 8 ne bouges pas, reviens 9 seront arrivées/arriveront 10 Ne veux-tu/ voudras-tu/voudrais-tu pas 11 sera déjà partie.

27 1 Text (i) imperfect (retenait, avait, semblait, savait) – narrative and descriptive; pluperfect (était parvenue, avaient été préparés) – dependent clauses, see exs. 40, 48; conditional (aurait, auraient) – supposition/future in past time. Text (ii) present (s'installe, écrit, est reçu (passive), devient, admire, fréquentent, fuient, semble, s'installent, font) – historic present in narrative; real present time (peut); future (sera, seront enterrés (passive)) – used because the main verbs are in the present, this future would be a conditional if the main verbs were in past tenses: serait, seraient enterrés.

2 Text (i) est parvenue . . . retient . . . Y aura-t-il . . . Y aura-t-il . . . Il y a alors . . . Il semble inévitable que . . . auront à . . . et on sait que . . . ont été préparés . . . Text (ii) Voltaire s'est installé/s'installait . . ., il y a écrit/écrivait . . . Il était reçu et est devenu/devenait ami avec . . . Voltaire admirait . . . ont fréquenté/fréquentaient . . . qui fuyaient, il semble que . . . s'installaient . . . Ils faisaient construire . . . fut/a été/serait . . . on peut voir . . . ont été/étaient/seraient enterrés. . . .

28 1 habit 2 condition 3 affection (= elle dort) 4 description 5 cause 6 repeated action, habit 7 politeness 8 conjecture, probability 9 simultaneity 10 indirect speech.

29 1 Ils se sont couchés de bonne heure. 2 Elle s'est moquée de son frère. 3 Les jeunes filles se sont jetées aux pieds de Johnny Halliday. 4 Quand je me suis réveillé(e), elle n'était plus là. 5 Elles se sont ennuyées à la maison toute la journée. 6 Ces enfants se sont lavé les mains avant de manger.

30

1 . . . a-t-il apprises? 2 Les deux étudiantes auront rencontré . . . 3 . . . auriez-vous choisie . . .? 4 Nous serons rentré(e)s . . . 5 . . . as-tu mises . . .? 6 . . . tu avais empruntés? 7 Ta chambre a été nettoyée . . . 8 Ils l'avaient répété . . . 9 . . . qu'il aurait faite . . . 10 La table sera tachée . . . 11 Nous sommes retourné(e)s . . . 12 Elle leur a coupé . . . 13 Est-ce qu'elle aura monté . . .? 14 . . . je ne les ai pas vues . . . 15 Elles sont allées . . . 16 . . . que vous aviez descendues? 17 . . . que j'ai achetés . . . 18 Elles étaient parties . . . 19 . . . Vous êtes partie . . . 20 . . . sont devenues . . .

31

1 ci-joint (no agreement if preceding the noun), timbrées 2 arrivé 3 Vu, démissionné 4 nommée 5 parue, intéressé(e)s 6 ci-inclus 7 exprimée 8 dû 9 fait.

32

1 a fait envoyer 2 a fait faire 3 aurais dû distribuer 4 ai vu arrêter 5 ne s'est pas laissé insulter 6 a fait rire 7 ai entendu exploser 8 ont vu jouer 9 As-tu fait classer? 10 J'ai laissées/laissé venir 11 a fait mettre.

33

1 Elle s'est acheté . . . 2 La maison s'était détruite . . . 3 Les deux frères se seront battus . . . 4 Nous nous étions aperçu(e)s . . . 5 La robe qu'elle se serait achetée . . . 6 Elles se seront habillées . . . 7 Les garçons se sont détestés . . . 8 La bagnole qu'elle s'était achetée . . . 9 Elle s'est procuré . . . 10 Ils s'étaient baignés . . . 11 Elles ne se seront pas demandé . . . 12 Ils se seront disputés . . . 13 Nous nous étions ennuyé(e)s . . . 14 Ils se seront écrit . . . 15 Elles ne se seraient jamais absentées . . . 16 Elle s'était moquée . . . 17 Elle s'est efforcée . . . 18 Nous nous serions aidé(e)s . . .

34

1 se sont envoyé 2 se sont sentis 3 se lève, se mette 4 Nous nous sommes demandé 5 Assieds-toi 6 Ne vous couchez pas 7 Se sont-ils mariés? 8 s'occupaient 9 se sont retrouvés 10 s'étaient absentées 11 ne se sont pas parlé.

35

(i) 1 She has to/must finish . . . 2 He had to go to . . . 3 We/You/They will have to be very careful . . . 4 She must have left . . . 5 You should never do that. 6 We should have/ ought to have warned . . . 7 I've had to/had to repeat it/I must have repeated it . . . 8 They must have/will have had to put . . . (ii) 1 May/can I sit down? 2 He will have/may have made . . . 3 He could finish it . . . 4 They won't be able to/can't come. 5 Couldn't you prevent it? 6 She could have done better. 7 They haven't been/weren't able to get . . . 8 Could/Might he have hidden it . . . (iii) 1 Elle a dû retourner chercher son sac. 2 Je suis content que tu aies pu venir en voiture. 3 Elle est là! Il a pu/dû l'inviter./Il l'a peut-être invitée. 4 Tu aurais pu me le dire! 5 Nous devrions appeler la police. 6 Il avait/a dû se tromper de porte. 7 Ils l'ont peut-être fait pour moi. 8 Elle aurait dû aller à l'église.

36

avait, est tout de même venue/était tout de même venue, ont passé, continue/a continué, rêvaient/ont rêvé, rêvent, a vu, se demande, ont fait, a dit et écrit, pourrait/ aurait pu, est/était, regorgent/ont regorgé, fait/a fait, est, ont déjà visité, est/était, ressemblait/ressemble.
Est-ce/Etait-ce, a tenté, est-ce/était-ce, s'est présenté, n'osait pas/n'a pas osé, est, pourrait/pourra.

°37

entrèrent, avait commencé/était commencée, essayèrent, c'était, décidèrent, voulut, indiqua, avait, s'assirent, s'était installé, se mit.

38

1 je n'avais jamais lu 2 eut annoncé 3 n'arrivait pas/n'était pas arrivé 4 eut fini 5 eut rempli 6 eut fini.

39 (i) 1 Elle me dit d'attendre. 2 Elle me dit d'aller chercher son numéro de téléphone. 3 Elle me dit de ne jamais conduire en dépassant la limite de vitesse. 4 Elle me dit de me taire.

(ii) 1 Elle nous dit qu'il nous faut/que nous devons/que nous devrons faire nos devoirs demain. 2 Elle nous dit que le médecin ne vient pas à la maison. 3 Elle nous dit que les vacances approchent.

40 1 Elle nous disait que nous devions/devrions faire nos devoirs le lendemain. Elle nous disait que le médecin ne venait pas à la maison. Elle nous disait que les vacances approchaient. 2 Il m'avait demandé si je ne voulais pas venir. Il m'avait demandé si j'aimais la bière. 3 Elle m'a demandé ce que je voulais. Elle m'a demandé ce qui s'était passé la veille. 4 J'aurais demandé à mon amie quelle était sa nouvelle adresse. J'aurais demandé à mon amie combien de lettres elle avait écrites. J'aurais demandé à mon amie de quoi elle avait parlé auparavant. J'aurais demandé à mon amie qui était arrivé chez elle en premier. J'aurais demandé à mon amie quand elle irait en France. J'aurais demandé à mon amie pourquoi elle était si contente.

41 1 A cette question nous répondrons que ... 2 Elles ont déclaré aux agents de police qu'elles ... 3 ... son prof de maths, avait-elle confié à sa meilleure amie ... 4 Le directeur expliqua que ... 5 L'employé m'a assuré(e) qu'il ... 6 Elle lui répète souvent qu'elle ...

42 1 Yes: 'we will': they said they would ... 2 Yes – if 'elles' and 'elles' do not refer to the same persons, e.g. Elles ont déclaré que leurs filles iraient volontiers visiter le Musée de l'Homme. 3 No: tu Elles ont déclaré que tu irais volontiers ... 4 see 2 5 No: elle Elles ont déclaré qu'elle irait volontiers ... 6 Yes: 'we would': they said they would ... 7 No: vont Elles ont déclaré que leurs filles allaient volontiers ... 8 No: allions Elles ont déclaré qu'elles allaient volontiers ...

43 1 Ne puis-je pas l'écrire ...?/Est-ce que je ne peux pas l'écrire ...? 2 Va-t-on acheter un ordinateur ...?/Est-ce qu'on va acheter un ordinateur ...? 3 A-t-elle trouvé un plombier ...?/Est-ce qu'elle a trouvé un plombier ...? 4 Faisaient-ils tout leur possible ...?/Est-ce qu'ils faisaient tout leur possible ...? 5 Les Dupont sont-ils allés ...?/Est-ce que les Dupont sont allés ...? 6 Isabelle est-elle la meilleure prof ...?/Est-ce qu'Isabelle est la meilleure prof ...? 7 Johan et son amie ont-ils passé l'été ...?/Est-ce que Johan et son amie ont passé l'été ...? 8 Ce prof-là a-t-il pris sa retraite?/Est-ce que ce prof-là a pris sa retraite? 9 Beaucoup d'ouvriers sortaient-ils de l'usine ...?/Est-ce que beaucoup d'ouvriers sortaient de l'usine ...?

44 1 A quel endroit furent signés ... et qui en furent les signataires? Dans quelle ville et par quels chefs d'état les accords ... furent-ils signés le ...? Qui est-ce qui a signé les ... et où est-ce que ça s'est passé? (Informal) 2 Qu'est-ce qui est signé le ...? (Informal) Qu'est-ce qu'on signe ...? (Informal) On signe quoi le 11 novembre ...? (Informal) 3 Est-ce que deux ...? (Informal) Où vivent deux Américains sur trois: à l'ouest ou à l'est ...? Deux Américains sur trois vivent-ils à ...? 4 Est-ce que vous avez déjà vu ...? (Informal) Qui est-ce qui en ...? (Informal) Un carré blanc ..., vous avez déjà vu ça? (Informal) Qui nous l'a démontré? (Informal) Comment s'appelle le/Quel est le nom du peintre qui a fait la ...? 5 Quels sont les titre et auteur du roman dont ...? Dans quel roman le héros aperçoit-il soudain ..., et qui en est l'auteur? Le roman dont ... s'appelle comment et a été écrit par qui? (Informal) 6 Comment assassine-t-on ...?

Quel est le moyen utilisé pour assassiner . . .? Il est assassiné comment, Hamlet? (Informal) 7 Les 'prélèvements . . .', c'est quoi? (Informal) En quoi consiste les 'prélèvements . . .'? Qu'entend-on par 'prélèvements . . .'? 8 Comment peut-on définir une . . .? Qu'est-ce qui constitue une . . .? (Informal) Une . . ., qu'est-ce que c'est? (Informal)

45

1 A quelle heure ira-t-il chercher les enfants? 2 Où puis-je aller pendant les vacances? 3 Comment avez-vous perdu du poids? 4 Pourquoi achètent-ils des bouteilles de vin tous les trois jours? 5 Où résides-tu/résidez-vous? 6 Comment as-tu/avez-vous réussi ton/votre intégration en France? 7 Depuis combien de temps étudient-elles le français? 8 Combien ce colis pèse-t-il?/Combien pèse ce colis? 9 Vers quelle heure le repas était-il fini? 10 Pourquoi les Montfort ont-ils quitté la Belgique? 11 Quand la réunion aura-t-elle lieu? 12 Où ses amis habitent-ils?/Où habitent ses amis? 13 Combien d'argent votre/ta femme a-t-elle dépensé? 14 Pourquoi les deux jeunes immigrés envisagent-ils beaucoup de problèmes?

46

(i) 1 Qui/Qui est-ce qui est parti pour Téhéran? 2 Qui était-ce? 3 Qui/Qui est-ce qui préfère manger au quartier latin? 4 Avec qui les enfants doivent-ils prendre contact demain? 5 Qui as-tu vu/Qui est-ce que tu as vu devant le cinéma hier soir? (Qui avez-vous vu/Qui est-ce que vous avez vu . . .?) 6 De la part de qui a-t-elle répondu à la question? 7 Qui/Qui est-ce qui connaît déjà la réponse? 8 Qui avez-vous invité/Qui est-ce que vous avez invité? 9 A côté de qui mes parents sont-ils assis?

(ii) 1 Qu'a-t-elle reçu?/Qu'est-ce qu'elle a reçu? 2 Qu'est-ce qui les intéresse? 3 Sur quoi est-il assis? 4 A l'aide de quoi l'ingénieur l'a-t-il réparé? 5 Que ne comprend-il jamais?/Qu'est-ce qu'il ne comprend jamais? 6 Que fera Jeanne au mois d'août?/Qu'est-ce que Jeanne fera au mois d'août? 7 Que penses-tu du film?/Qu'est-ce que tu penses du film? (Que pensez-vous . . ./Qu'est-ce que vous pensez . . .?) 8 Avec quoi les filles ont-elles réussi à ouvrir la fenêtre?

(iii) 1 Laquelle?; Quelle? 2 A qui?/Auxquels?/Auquel?; A quels? 3 Lequel?; Quels?

47

(i) 1 Il me demande si je ne veux pas venir. 2 Il me demande si j'aime la bière.

(ii) 1 Elle me demande ce que je veux. 2 Elle me demande ce qui s'est passé hier.

(iii) 1 Je demanderai à mon amie quelle est sa nouvelle adresse. 2 Je demanderai à mon amie combien de lettres elle a écrites. 3 Je demanderai à mon amie de quoi elle parlait tout à l'heure. 4 Je demanderai à mon amie qui est arrivé chez elle en premier. 5 Je demanderai à mon amie quand elle ira en France. 6 Je demanderai à mon amie pourquoi elle est si contente.

48

1 Je me demandais où ils avaient bien pu aller à cette heure-là. 2 Ils nous avaient demandé pourquoi elle était partie sans dire un mot. 3 Il me demanda ce qui pourrait m'empêcher de les retrouver là le lendemain. 4 Tu lui as demandé s'ils lui avaient téléphoné la semaine précédente pour le prévenir. 5 Nous leur avions demandé s'ils passeraient nous voir un de ces jours. 6 Elles ont demandé aux autorités ce qu'il fallait faire et comment s'y prendre. . . .

49

1 mangeait 2 Reste 3 J'aurais eu 4 irait 5 ne m'aurait pas demandé 6 J'aurais lu 7 pourrons 8 meurt 9 est déjà partie 10 n'a pas eu 11 remettez 12 as dû 13 est admise 14 Si tu m'avais dit . . . 15 S'il y va . . . 16 S'il était revenu. . . .

50

1 J'avais totalement oublié ces détails. 2 Il a répondu poliment à ces mots. 3 Tu es arrivé

opportunément. 4 Accueillez-la gentiment! 5 Ces secrétaires sont constamment malades. 6 J'espère qu'aujourd'hui il parlera brièvement. 7 Rédigez moins long! 8 As-tu entièrement fini? 9 Il ne voulait pas vraiment être chef de la section. 10 Elles mentent évidemment. 11 Elle a énormément grossi. 12 Parle plus fort, s'il te plaît.

51

1 ait été punie (ne pense pas que) 2 soit (avant qu') 3 puisses (pour que) 4 dise (Attends que) 5 soient terminés (regretteront que) 6 dises (Il importe que) 7 ait fait (Croit-elle) 8 fasse (qu') 9 se joignent (souhaitons que), soient décidées (pour que), permettent (qui) 10 ne soit pas prise (demandons que), aient (sans que), relaie (attendons qu'), soit entamé, soit suivi, puisse (il est temps que).

52

1 aies eu 2 faille/ait fallu 3 fût-ce 4 parte/sois parti(e) 5 soient fermées 6 fût-ce 7 viennent/soient venues 8 puisse/ait pu 9 n'ayons pas été amené(e)s.

53

1 se décide (en attendant qu') 2 aie vues (sans que) 3 soit (Quel que) 4 ait obtenu (Quoiqu') 5 dormes (jusqu'à ce que) 6 attende (il faut que) 7 aies pu (la meilleure) 8 soit (où que), soient (quelles que).

54

1 puisse (rien qui) 2 fasse (C'est dommage que) 3 prennes (Je préfère que) 4 attendiez (Il est important que) 5 soyez (a . . . permis que) 6 aille (où qu') 7 ait enfin réussi (sont ravis qu') 8 restiez (tolérerons que) 9 mettions (Il faut que) 10 ait oublié (Il est impossible qu') 11 viennes (souhaiterait que).

55

1 Ind. (penser is neither interrogative nor negative) 2 Subj. (pour que) 4 Subj. (aim) *or* Ind. (consequence) 5 Ind. (après que does not take the subjunctive) 6 Subj. (regrette que) 7 Ind. (ne doutons plus que) 8 Subj. (avant que) 9 (concertent) Subj. (pour que); (manifestent) Subj. (afin que).

56

1 – There is such a secretary, but where? – It's unlikely that there is one. 2 – The car could be big enough. – It is doubtful if it's big enough. 3 – She thinks it can be avoided. – She thinks it might be avoided. 4 – One can't ignore these matters. – One really shouldn't ignore these matters.

57

1 faisait, m'a énervé(e) 2 J'ai oublié, manquait 3 qu'elles nous a racontés, paraissaient 4 qu'il a effectuée, était 5 venait, avons vendu 6 j'ai pu 7 avons fait, fallait.

58

sois, soyons, soyez aie, ayons, ayez veuille, veuillons, veuillez sache, sachons, sachez va, allons, allez dépêche-toi, dépêchons-nous, dépêchez-vous fais, faisons, faites dis, disons, dites choisis, choisissons, choisissez sers, servons, servez lis, lisons, lisez introduis, introduisons, introduisez nage, nageons, nagez assieds-toi, asseyons-nous, asseyez-vous appelle, appelons, appelez enlève, enlevons, enlevez bois, buvons, buvez commence, commençons, commencez.

59

(i) demande à ton boucher de te tailler, passe-les, secoue-les, fais-les, dispose-les, mouille-les, jette, laisse, sers. (ii) préparez, pétrissez-la, laissez-la, étendez-la, taillez, piquez-le, mélangez, versez, faites, laissez, saupoudrez, nappez, servez.

60

de/de/à/de/de/à/à/à/de/de/pour/de/à/de/par/par

61

d'/de/de/de/de/à/de/de/à/de/à/de

75

62

1 Faites-leur prendre un rendez-vous.
2 Il a vu la jeune fille entrer dans la maison.
3 J'aime mieux travailler que regarder la télé.
4 La vieille est allée chez elle se coucher.
5 Les filles ont manqué (de) s'évanouir en le voyant.
6 Le soldat a failli mourir.
7 On a entendu le garçon chanter.
8 Elle croyait les avoir vu(e)s.
9 Encore faudra-t-il trouver le coupable.
10 J'espère faire peindre la maison en blanc cet été.
11 Mon ami viendra me chercher à huit heures.
12 Il comptait partir à sept heures ce matin.
13 Elle a dû s'absenter.
14 Nous espérons avoir bientôt de leurs nouvelles.

63

1 Les valises ont été sorties par la fenêtre. 2 L'assassin va être arrêté par l'agent. 3 Les livres ont été trouvés par mon amie. 4 Tous mes amis ont été invités par mes parents pour mon anniversaire. 5 Les drogues ont été trouvées par les douaniers. 6 Il/Elle sera accompagné/e par/de plusieurs amis. 7 La route a été barrée par les ouvriers. 8 Il a été invité au cinéma par un de ses amis. 9 Les nouveaux élèves seront reçus par le directeur.

64

(i) 1 Ces articles-là sont vendus partout./Ces articles se vendent partout. 2 Ces problèmes, seront-ils bientôt résolus?/Ces problèmes se résoudront-ils bientôt? 3 Mes efforts ne sont jamais appréciés. 4 Notre-Dame se voit de loin. 5 J'ai été tout à fait enthousiasmé par ce film. 6 La permission de partir a été demandée par une jeune étudiante. 7 On a interrogé le terroriste. 8 Les étudiants de moins de 18 ans ne sont pas admis dans cette université. (ii) 1 Le prof nous a félicités. 2 Pourquoi le juge a-t-il condamné cette femme? 3 On a fait d'excellents progrès en informatique. 4 Quelle équipe écossaise a gagné les matches? 5 Ce type-là vous a traité de tous les noms d'oiseaux.

65

1 . . . ce sont même souvent ceux qui en ont le moins qui donnent le plus . . ., mais ce sera peut-être le cas un jour lorsqu'il y aura une justice en ce bas monde! 2 . . ., j'en ai assez, ce n'est jamais fait alors que je te demande simplement d'y consacrer cinq minutes tous les soirs! . . . tu ne sortiras pas tant que cela ne sera pas fait! 3 . . ., c'est la troisième fois ce mois-ci! . . ., mais cela ne saurait tarder.

66

1 Il me reste un peu d'argent. 2 Quelqu'un est arrivé. 3 Nous leur rendons toujours les livres. 4 Il est là. 5 On a rencontré quelqu'un. 6 Quelqu'un viendra. 7 Tout plaît à cette fille. 8 Elles voient des gens de temps en temps. 9 Elles se sont toutes excusées. 10 Tout est simple.

67

1 Non, aucun de mes amis n'y sera. Je ne pense pas, à vrai dire, ça ne me dit pas grand-chose de bouger à Noël. Certainement pas, je n'ai pas la moindre intention de m'empiffrer de foie gras à longueur de repas de famille sinistres! 2 Jacques Brel? Quelle horreur! . . . Ne compte pas sur nous! Malheureusement, c'est impossible – dommage, nous ne l'avons jamais vu sur scène. Merci mais nous ne sortons plus depuis la naissance des jumelles. 3 Non, désolé, tout est complet. Cela ne va pas être facile, le samedi soir nous n'avons généralement plus rien à cette heure-ci. Je regrette de vous

décevoir mais il ne me reste plus une seule chambre de libre. 4 Non, absolument pas. Pas autant que je me souvienne, votre visage ne me dit rien. . . . Nous ne nous sommes jamais vus, où que ce soit, alors fichez-moi le camp! 5 Pas dans son intégralité. . . . Non, la formulation de ce document reste inacceptable. Il n'est ni complet ni approprié et rien ne nous fera approuver ce document!

68 1 Il n'arrive jamais à l'heure. 2 Ces sentiers ne mènent nulle part. 3 Cela n'est guère facile. 4 Nos amis ne veulent voir personne. 5 Le directeur n'y pense jamais/plus. 6 Cette femme ne s'occupe de rien.

69 1 Elle ne porte pas de lentilles . . . 2 L'étudiant n'avait pas bu trop de vin. 3 N'y a-t-il pas de voitures . . . 4 Nous n'avons pas acheté de cerises . . . 5 N'ont-ils pas de devoirs . . . 6 Ce n'est pas une très belle bagnole! 7 Ce n'était/étaient pas des touristes . . . 8 Il n'est pas tombé de neige . . . 9 N'ont-elles pas perdu de poids . . . 10 Je n'ai vu aucun film . . . 11 Ce n'est pas du café . . . 12 Enfin, rien de nouveau!

70 1 Elle n'a que 200 euros. 2 Elles n'ont pas encore donné leurs réponses. 3 Il n'est jamais difficile de se faire entendre. 4 Nous ne rentrons plus avant minuit. 5 Il ne boit que du vin. 6 La directrice ne s'est guère radoucie. 7 Elles ne rendent service ni à leurs clients ni à leurs employeurs. 8 Il n'a ni frère ni sœur.

71 1 Elle n'a ni écrit ni téléphoné hier soir. 2 Rien ni personne ne l'a convaincu. 3 Nous n'avons ni le temps ni l'argent pour t'aider. 4 Je suis sorti sans imper ni parapluie.

72 1 grâce au commando qui a agi . . . 2 frissonnent de froid . . . 3 à force de persévérance . . . 4 faute d'une main-d'œuvre suffisante . . . 5 par amour pour elle . . . 6 sous l'effet de la chaleur . . . 7 à cause des pluies acides . . . 8 Comme ils adoraient . . . et qu'ils ne pouvaient pas . . . 9 puisqu'elle le sait . . .

73 mais, même si, bien que, quant à, en dépit des, mais. Abstraction faite, mais, pourtant, tandis que, alors que, tandis que. Toutefois.

74 A simple checklist for translating:

> Read the title of the text.
> Read the whole text through quickly to get an idea of the content.
> Read the first paragraph carefully.
> Check vocabulary in your dictionary.
> Write a first draft of the paragraph.
> (Discuss in class.)
> Write a second draft.
> Check your spelling and grammar.
> Make sure your draft sounds like good English – not a translated text.
> Check the title again.
> Add all the available source details at the end: author, title of the publication, date of publication.
> Hand in your final version.

Keep in mind that there is never only one version of a text. We provide below a suggestion of what the translation could be.

(i) Europe: a time of change

Europe is undergoing a period of major change. The enlargement of the European Union, globalisation and structural change in society pose a whole series of complex problems which need solutions.

Europe is changing fundamentally: demographic changes (the ageing population, for example), movement of people, changes in family structures and in social welfare systems. Globalisation has transformed political and socio-economic conditions fundamentally. The more competitive and integrated markets become, the greater the need for the EU to review its plan for development in order to meet its objective, that is, to establish that it is the world's most competitive and dynamic, knowledge-based economy, able to ensure that there will be long-term economic growth through the creation of more jobs and through guaranteeing greater social cohesion.

(ii) A Vision for 2020

In 2000, at the request of the European Commission, a high-level group of distinguished representatives from research and industry was set up to develop a vision/plan for the European aeronautical industry in 2020. Their final report, published in 2001, focused not only on technological and industrial issues, but also on questions of public interest.

The aim of aeronautical research is not merely about flying higher, faster, and further. Today, the key words are: 'affordable', 'safer', 'cleaner', 'quieter'. The report then provides examples of research into questions which are of importance for society in general.

Among the issues tackled in the 'Vision for 2020' report are the choice offered to passengers, convenience, comfort and affordability. Punctuality and reliability are essential, but services on board and comfort on the aircraft are also important, however, these must not result in prohibitive prices. Use of the latest technology, and methods which allow a reduction in airlines' operating costs should bring down the price of air travel for the public.

(iii) Observation of the Earth by Satellite

For decades, Europeans have been observing the Earth from space, and investment in satellite systems has been considerable in recent years. So, it has been possible to develop leading technology and collect accurate data on many factors affecting the Earth – weather forecasting, assessment of urban development, and measurement of pollution levels.

If satellites are not the only source of information on the state of the Earth, they do offer unique possibilities which are a core component of the GMES (Global Monitoring for Environment and Security) initiative.

Observation stations are distributed very unevenly throughout the world. There are particularly few of them in the polar, ocean or semi-desert regions where, if some climate forecasters are to be believed, the biggest changes are likely to occur.

Satellites provide a cost-effective alternative to the infrastructure for integrated monitoring and analysis of the relations between the natural environment, economic policy, and other matters linked to political stability and national or international security, all of which are of the greatest importance for the whole world.

Furthermore, satellite capability is not limited by natural borders. Whereas communication on earth can be blocked by any kind of obstacle, satellites are a means of conveying information across borders, thus giving people, not only in Europe but all over the world, the opportunity for continued development and progress.

75 You could start like this: – Bonjour, je m'appelle Johann Binet, et toi? – Moi, c'est Claire McDonald, ma mère est française et mon père Ecossais. Nous habitons à Edimbourg depuis 5 ans . . . le week-end je vais souvent voir des expositions d'art moderne et j'adore les films français. Qu'est-ce que tu fais en dehors de la fac? – Moi, pas grand-chose. Le samedi je fais la grasse matinée jusqu'à midi puis je regarde le foot à la télé . . .

And report to the rest of the class like this: – Elle s'appelle Claire McDonald et elle est d'origine française par sa mère et écossaise par son père. Cela fait 5 ans qu'ils habitent Edimbourg . . . et pour se distraire elle se cultive en allant dans les musées et au cinéma. – Je vous présente Johann Binet, étudiant en première année comme nous tous . . . Pour se remettre de ses efforts de la semaine, il passe son week-end à dormir ou devant la télé . . .

And some other questions and answers: 1 Combien pèses-tu? Soixante kilos. 2 Quelle est ta taille? Je fais un mètre quatre-vingts. 3 Quelle pointure fais-tu? Je chausse du 40. 4 Quelle heure est-il? Dix heures dix. 5 Tu t'es levé(e) à quelle heure ce matin? Huit heures et demie. 6 Tu t'es couché(e) à quelle heure hier? Sais pas. 7 Ton cours de français, il est à quelle heure? A trois heures pile.

76 Mon copain, c'est un grand brun aux yeux verts; il se laisse pousser la barbe en ce moment . . . il est du genre distrait, à la 'professeur Tournesol' dans Tintin. Ma mère l'adore, mon père trouve qu'il a les cheveux un peu trop longs et ma sœur lui fait de l'œil mais il ne s'en rend pas compte . . .

77 text (i), forms – cette toute jeune femme . . ., cette grande bourgeoise influente (demonstrative adjective + adjectives) issue de . . ., chirurgien dentiste, . . . face au public, élégante, . . . (apposition)

– C'est ce tout jeune ambassadeur qui prononce le premier discours . . . Issu d'une grande famille . . . chirurgien dentiste, il dirige . . . ce grand bourgeois influent . . . Il est là, face au public, et d'une élégance exceptionnelle dans un costume sombre . . . il salue . . . text (ii), forms – l'homme, petit et noueux, entre . . . dans la cinquantaine (adjectives in apposition + verb phrase), habitué à la traversée des épreuves, alliant souplesse et résistance, il . . . (apposition), il se tient très droit . . . (reflexive verb), dans des vêtements clairs, épaules étroites, chemise blanche immaculée . . . (nouns + adjectives), les hanches sont minces et la voix est . . . rauque . . . (être + adjectives), a creusé son visage de nombreuses rides . . . (verb + noun phrase), son front est souligné de deux yeux . . . (passive form), qui scrutent . . . avec douceur . . . (relative (relative clause + adverbial phrase), le nez à la finesse recourbée (apposition), les cheveux . . . ont blanchi (noun subject + verb).

– La femme, petite et noueuse, entre . . . dans la cinquantaine. Habituée à la traversée des épreuves, alliant souplesse et résistance elle se tient très droite dans ses vêtements clairs, épaules étroites, chemisier blanc immaculé. Les hanches sont minces et la voix à peine rauque. La vie a creusé son visage de nombreuses rides, signe . . . Son front sérieux est souligné de deux yeux noirs et vifs qui scrutent néanmoins avec douceur. Elle a le nez à la finesse recourbée. Les cheveux aussi ont blanchi . . .

78

(i) L'homme recherché par les services de police a le visage assez carré. Ses cheveux sont coupés court et brossés en arrière, avec une raie à peine marquée sur le côté droit. Les yeux, grands et allongés, sont assez écartés et flanqués de deux oreilles décollées. Il porte une moustache bien taillée sous un nez légèrement épaté. Sa lèvre inférieure est épaisse, ses sourcils finement tracés.

(ii) Un homme d'environ quarante ans, aux cheveux bruns ébouriffés, la tenait par la main. Il était rasé de près et portait un pantalon sale et un blouson sur une chemise noire et blanche à carreaux.

La petite, âgée de quatre ans, a été retrouvée sanglotant sur le pas d'une porte. Elle était vêtue d'un manteau bleu marine et portait des chaussures noires.

79

Use the forms identified in the previous exercises in order to give a description of yourself. As for your ideal partner, you can start with one of the following: Je recherche quelqu'un qui soit/est . . . Il me faut un homme/une femme qui soit/est . . . Je m'entendrais bien avec quelqu'un qui serait . . .

80

1 Yvonne, je te présente Margaret Ewing, qui est député du Parti nationaliste écossais. Margaret, Yvonne de Carlo, une de mes amies les plus chères. Barry, tu m'avais demandé de te présenter Milton Shulman, voilà qui est fait. Milton, Barry. Monsieur Slatkin, permettez-moi de vous présenter Lord Parkinson qui est un de vos admirateurs. Lord Parkinson, vous aurez sans doute reconnu Leonard Slatkin . . . Lily, ma chérie, c'est David, une de nos stars du cricket; David, la divine Lily . . . Mesdames, mesdemoiselles, messieurs, bonsoir. Les cinq participants au débat de ce soir sont des habitués de ce studio. Permettez-moi de vous les présenter, en commençant à ma droite par Lord Thomson of Fleet, propriétaire de divers journaux et publications, Lord Parkinson, ancien député conservateur, James Miller, PDG du Groupe du même nom; à ma gauche, Margaret Ewing, député du Parti nationaliste écossais, et enfin Milton Shulman, critique de cinéma et de théâtre, bien connu de tous les téléspectateurs.

2 1778, paysagiste; 1854, compositeur; 1864, fonctionnaire et nationaliste irlandais; 1866, boxeur poids lourd surnommé 'Gentleman Jim'; 1875, romancier, créateur de Tarzan; 1905, actrice et pianiste.

81

1 Il avait vingt ans quand sa mére est morte. 2 Non, comme il avait perdu son père quelques années plus tôt et qu'il était fils unique, il s'est retrouvé seul. 3 En 1943, il est envoyé en Allemagne où il travaille dans une usine d'armement à la fabrication de chenilles de chars. 4 Tu vois ce type, il a eu une vie assez extraordinaire. Il est né dans les années 20 et a passé son enfance dans l'est de la France où il est resté jusqu'à l'âge de vingt ans. Pendant la guerre, il a été arrêté et envoyé en Allemagne où il a rencontré une jeune Ukrainienne qu'il a ensuite épousée. Il l'a suivie après la Libération car il n'avait plus personne en France. Arrivé en URSS, on l'a considéré comme apatride et jeté en prison. Il y est resté six ans, après quoi il a plus ou moins été forcé d'adopter la citoyenneté soviétique. Il y a cinquante ans de cela, et il a enfin réussi à revenir au pays . . . Etonnant, non?

82

1 Adrien, permettez-moi de vous présenter Gabriel Dubois qui vient de Tours et a travaillé dans l'informatique; Adrien Taillon, nouvellement recruté chez nous également, et spécialiste des expositions et salons.

2 Les deux candidats qui ont été sélectionnés sont très sympas; ils ont tous les deux dans les 35 ans, l'un vient de Tours et l'autre est Parisien. Ce dernier est marié et père de

famille, il a fait sup de co à Lyon et a pas mal d'expérience dans l'organisation de foires-expo et salons. Le Tourangeau est ingénieur en informatique et il parle plusieurs langues; d'après son CV, c'est un mordu de foot . . ., en plus il est célibataire et donc disponible, de quoi faire redémarrer l'équipe de foot dans le service, qui sait?
3 In your letter, you might use the following: J'ai appuyé sa/leur candidature pour les raisons suivantes . . . Il(s) est/sont jeune(s), dynamique(s), qualifié(s), diplômé(s) de . . . Il(s) a/ont beaucoup d'expérience de/dans . . . Ses/leurs qualifications or son/leur expérience correspond(ent) exactement au profil recherché . . .

83 The following forms could be used: Ce que je remarque en premier chez un homme, c'est son front, ses dents . . . Quand on me présente une femme, je regarde d'abord ses mains, puis j'écoute sa voix, ensuite j'essaie de deviner ses pensées . . . Les hommes sont persuadés que ce sont leurs épaules carrées qui attirent les femmes. En fait, ce sont plutôt leur(s) . . . J'ai interrogé mes camarades sur ce qui les attire chez le sexe opposé. Pour les filles, c'est le sens de l'humour des garçons qui prime, pour les garçons, c'est l'intelligence des filles . . .

84 1 C'est un appareil ménager que l'on passe sur les sols pour aspirer les poussières ou les débris. 2 Il s'agit d'un appareil qui permet d'enregistrer les images et le son de la télévision sur des vidéocassettes. 3 C'est un petit appareil muni d'un cadran qui comporte une aiguille aimantée indiquant le nord et dont on se sert pour se repérer.
4 Il s'agit d'un établissement bancaire où l'on dépose des fonds pour les faire fructifier.
5 Le modem est un boîtier reliant un ordinateur à un réseau, grâce auquel les machines peuvent communiquer entre elles par courrier électronique et accéder à des services en ligne. 6 A vous l'honneur!

85 1 mes: collègues; leurs: les ordinateurs de mes collègues 2 ses: les dissertations de Jean-Luc; celles de ses . . .: les dissertations des camarades de JL; son: le professeur de JL; sa propre: la collection du professeur 3 ses: ses parents à elle ou les parents de quelqu'un d'autre? (not enough context) 4 vos: le permis de conduire et la carte verte de la demoiselle 5 son: l'adresse de l'homme ou de quelqu'un d'autre? (not enough context) 6 ses: les recommandations du juge ou du procureur? (not enough context) 7 nos/(de) les vôtres: les billets qui nous appartiennent/qui vous appartiennent.

1 Ma collègue est excédée . .'. son ordinateur est . . . 2 Comme leurs . . . celles de leurs . . ., leur professeur . . . à Jean-Luc et Bernard de leur prêter . . . 3 Elles ne peuvent plus supporter leurs parents (à elles ou à d'autres personnes)/ses parents (à lui ou à elle).
4 Messieurs, vos permis de conduire et carte(s) verte(s), SVP! 5 Ce couple ne nous a pas donné son adresse. (same pronoun ambiguity as 3) 6 Le juge a dit aux avocats qu'il transmettrait ses recommandations (à lui)/leurs recommandations (à eux). 7 Je crois que vous avez pris ma veste par erreur à la place de la vôtre.

86 1 la tienne/celle qui t'appartient 2 le sien/celui de Laurent/celui qu'avait Laurent 3 les nôtres/celles de notre comité 4 la vôtre/celle que vous possédez/celle qui vous appartient 5 le leur/celui des Dupont.

87 1 mi-T-rend (Mitterrand) 2 bœuf-bourg-gui-gnon (bœuf bourguignon)

(i) Mon premier est une note de musique,
mon second est l'abréviation de publicité,
on se couche dans mon troisième,
ma quatrième est touffue chez le renard,
mon tout est un système de
gouvernement.

(ii) Cendrillon ne serait pas allée au bal
sans ma première,
un fleuve coule dans mon second,
mon troisième est synonyme de dément,
mon tout est un célèbre metteur en scène
italien.

88

Pour moi, la maison idéale serait un chalet qui serait entièrement construit à partir de bois et de verre. Il n'y aurait pas de cloisons entre les pièces principales mais celles-ci seraient échelonnées en espaliers et simplement séparées par quelques marches. De larges baies vitrées sur tout le pourtour de la maison donneraient sur un grand jardin boisé à l'extérieur. Elle compterait plusieurs chambres d'amis, généralement occupées, et sentirait bon la cannelle et le café . . .

89

C'est une montre de plongée étanche jusqu'à 200 mètres. Elle est munie d'un boîtier tri-corps qui résiste aux grandes profondeurs. Elle est disponible avec un mouvement mécanique automatique ou avec un mouvement à quartz qui sert également à indiquer la fin de vie de la pile. Elle est montée soit sur un bracelet mécanique avec fermoir de sécurité, soit sur un bracelet en cuir requin imperméable. Cette montre est assortie d'une garantie internationale de 5 ans.

90

1 . . . un voilier (long) de 25 mètres/ . . . qui mesure 25 mètres 2 . . . je prends du 40/38/ . . . il me faut du 40/38 3 . . . elles atteignaient les 1,80 m/ . . . elles avaient une taille d'environ 1,80 m 4 . . . nous chaussons du 42/ . . . notre pointure est le 42 5 . . . la fenêtre mesure . . . et qu'il y a 3 m dans la hauteur/ . . . la largeur de la fenêtre est d' . . . et que la hauteur est de . . . 6 . . . sur une distance de 10 km/ . . . sur/de 10 km.

91

1 Precise findings: (i) 65% des gens souhaitent que les gouvernements individuels prennent les décisions en matière de santé et sécurité sociale; néanmoins, 31% d'entre eux restent favorables à une intervention européenne dans ce domaine. (ii) 64% estiment que les états doivent prendre leurs propres décisions en matière d'éducation, contre 32% qui sont favorables à une politique européenne. (iii) Pour 32% des personnes sondées, la question de la participation des employés est du ressort de l'Union européenne plutôt que des états membres, alors que 54% sont d'un avis contraire. (iv) Il y a 50% de gens qui pensent que le chômage est du ressort des gouvernements nationaux; 46% préconisent, au contraire, des actions au niveau européen. (v) Quelque 71% des citoyens de la Communauté soutiennent une politique commune pour la recherche tandis que 22% seulement estiment que ce domaine devrait être sous contrôle national.

2 Less precise findings: (vi) Environ un tiers des personnes interrogées sont favorables à une politique commune pour la culture. (vii) Pour un peu plus de la moitié des personnes sondées, l'immigration est du ressort de l'UE. (viii) A peine 40% des gens estiment que ce sont les états qui doivent prendre les décisions en matière d'asile politique. (ix) See example: Environnement. (x) La plupart des réponses indiquent que les citoyens européens penchent pour une politique étrangère commune à l'ensemble de l'UE. (xi) See example: Lutte contre la drogue. (xii) Près des trois-quarts considèrent que la coopération avec le tiers-monde fait partie des responsabilités qui incombent à la Communauté.

92

Here are some examples from the table: 1 (i) La population de l'Espagne est de 39,1 millions d'habitants. (ii) La population du Danemark s'élève à 5,2 millions de personnes. (iii) Il y a 414,000 habitants au Luxembourg. (iv) Le RU compte 57,6 millions d'habitants. (v) La population des Pays-Bas atteint 15,1 millions d'habitants. And orally: trente-neuf virgule un millions de personnes/trente-neuf millions cent mille personnes . . . et à vous l'honneur! 2 Allemagne: quatre-vingt-un millions deux cent mille; France: cinquante-sept millions deux cent mille; Irlande: trois millions cinq cent mille 3 Ces trois pays comptent environ dix millions d'habitants. Ils ont chacun près de dix millions d'habitants. Autour de dix millions de personnes vivent dans chacun de ces pays.

93 (i) cinq à six, un demi-litre, trois, quatre, cent cinquante grammes, un décilitre trois quart, trois (ii) deux cent soixante-quinze grammes, trois, deux, deux, deux boîtes et demie, quatre-vingts grammes, un décilitre (iii) quarante grammes, cent cinquante grammes, trois, un décilitre, une (iv) cent cinquante grammes, deux cent cinquante grammes, un quart de litre, sept, un décilitre, cent cinquante grammes, un, une, un.

94 L'Allemagne unifiée, qui regroupe les anciennes RFA et RDA, a une superficie totale de 357 000 km^2 et compte 81,2 millions d'habitants. Berlin est sa capitale mais le siège du gouvernement est toujours situé à Bonn. La langue officielle est l'allemand et le mark allemand, devise nationale, valait 3,40 FF au 1er octobre 1991. Le Chancelier Helmut Kohl, qui a été élu pour la première fois en 1982, est toujours chef du gouvernement. L'Allemagne est un état fédéral fondé sur la démocratie parlementaire et doté d'une constitution fédéraliste.

1 L'Allemagne, qui est l'un des membres fondateurs de la Communauté Européenne, a une superficie totale de 356 854 km^2 et compte 82 millions d'habitants. Son système politique est défini comme une république fédérale et sa capitale est désormais Berlin.

2 3 4 A vous l'honneur!

95 1 Seul le Japon compte plus de personnes âgées que de jeunes dans sa population.

2 En 1998, il y a deux fois moins de jeunes dans l'Europe des 15 qu'en Afrique.

3 C'est au Japon qu'il y a la plus forte proportion de personnes âgées dans la population totale . . .

4 . . . et le taux le moins élevé de jeunes de 0 à 14 ans.

5 La proportion de personnes âgées est presque aussi élevée en Europe qu'au Japon.

6 Il y a à peu près la même proportion de jeunes en Asie qu'à l'échelle du monde entier.

7 La population du Japon compte, en pourcentage, autant de plus de 65 ans que l'Europe des 15.

8 L'Afrique, de même que l'Asie, comptent relativement peu de personnes de 65 ans et plus.

9 En règle générale, il y a d'autant moins de jeunes que la région est développée/ industrialisée.

10 Contrairement à l'UE, l'Afrique a un faible pourcentage de personnes âgées.

96 1 location: sur, entre . . . et . . ., juste après, sur la droite, sur le bord de, est en hauteur; direction: prendre, continuer, prendre . . . à gauche, pour retrouver, reprendre . . . jusqu'à. . . .

2 Je connais un endroit formidable si vous voulez vous arrêter. Prenez la A59 en direction d'Aborleen. Après Kyle of Creef, tournez à droite pour prendre la B8019 et roulez sur 1,5 km. Repérez le panneau B&B sur le bord de la route et prenez un petit chemin à gauche. La maison est un peu en hauteur. . . .

97 1 La Bourgogne est une région du centre de la France qui se trouve entre la région Centre et la Franche-Comté. La région Poitou-Charentes, située à l'ouest de la France, est bordée au nord par les Pays de la Loire et au sud par l'Aquitaine. La Seine-Maritime est un département se trouvant au nord de la région de Haute-Normandie, elle-même située sur la côte nord du pays. La Haute-Savoie est l'un des départements de la région Rhône-Alpes; situé au nord-est de l'Isère, il se trouve à l'est de la France et borde la frontière italienne. La ville de Metz est située en Lorraine dans le département de Moselle; c'est une ville du nord-est de la France. Angers est une ville du Maine-et-Loire, située entre Tours (au sud-est) et Rennes (au nord-ouest).

2(i) Les vins les plus connus sont sans doute les Bordeaux qui proviennent des environs de la ville du même nom, située au sud-ouest de la France dans le département de la Gironde. (ii) Les vignobles de Bourgogne sont également renommés; ils se trouvent dans une région intérieure qui s'étend, d'est en ouest, de la Franche-Comté à la région Centre. (iii) L'Alsace, région située en bordure de la frontière allemande au nord-est du pays, produit d'excellents vins blancs.

3 A vous l'honneur!

98

(i) J'ai trouvé la maison de mes rêves dans un village provençal. C'est une maison ancienne mais qui a été restaurée avec goût. Elle a un très joli jardin et une piscine, sans compter plusieurs terrasses. J'ai été séduit(e) par son charme et le calme qui y règne. Toutefois, il y a l'avantage de commerces à proximité. (ii) J'ai repéré un vieux moulin du 18ème à vendre dans le Val de Loire, près de Bourgueil. Situé sur un terrain de 8 000 m², il comprend un grand salon avec cheminée, une cuisine, une salle de séjour spacieuse avec bar et cheminée, 2 chambres, un bureau et une salle de bains. Il y a aussi une belle salle mansardée de 45 m². Je m'y vois déjà . . . sans parler des dépendances qui feraient un studio idéal si jamais vous avez envie d'un week-end à la campagne! (iii) J'ai décidé de louer un appartement à Montpellier pour les vacances. Ce sera parfait avec les enfants car il s'agit d'un complexe de loisirs avec une piscine et un grand jardin. De plus, il y a 2 restaurants avec des soirées spectacles organisées, un sauna, une salle de billard, un bar d'ambiance, une vidéothèque et des jeux vidéo qui sont mis à disposition . . ., bref, de vraies vacances en perspective et le prix est très raisonnable à 260 E pour une semaine en demi-pension!

99

A few suggestions to start you off: Demain soir, vous pourrez voir sur TF1 un célèbre film de Sergio Leone, diffusé à 20h 30, et enchaîner ensuite, c'est-à-dire à 22h 55 sur Arte avec un documentaire passionnant intitulé . . .

. . . dimanche 30, pour les amateurs de sport automobile, rendez-vous à 13h 55 sur TF1 où sera retransmis le Grand Prix d'Allemagne en Formule 1, et si vous aimez l'opéra, ne manquez pas l'émission de France 2 à 22h 30: Musiques au cœur de l'été, en direct du Festival d'Aix en Provence. Il s'agit du *Comte Ory* de Rossini, dans une mise en scène de Marcel Maréchal et sous la direction d'Evelido Pido. . . . Et maintenant, à vous l'honneur!

100

Le 2 août 1990, les troupes irakiennes ont envahi/envahissaient le Koweït. Quatre jours plus tard, l'ONU a annoncé/annonçait sa décision de soumettre l'Irak à un embargo, mais à partir du 9 août, l'Irak retenait en otages les étrangers qui étaient encore dans le pays. L'ONU a alors décidé/décidait alors – le 25 août – d'employer la force armée. Le 9 septembre, Bush et Gorbatchev se sont rencontrés/se rencontraient à Helsinki et ont condamné/où ils allaient condamner l'occupation irakienne. Au cours des deux mois suivants, 400 000 soldats américains seraient déployés/allaient être déployés/ont été déployés dans la région. Fin novembre, l'ONU a autorisé/autorisait l'emploi de la force à compter du 4 janvier si, à cette date, les Irakiens ne s'étaient pas retirés du Koweït. Des négociations qui n'allaient donner/ne donneraient aucun résultat étaient/ont été engagées à Genève le 9 janvier. Les 17 janvier et 24 février, les offensives aérienne et terrestre étaient/ont été respectivement lancées, jusqu'à ce que les forces alliées aient repris Koweït-Ville le 27 février. Le 3 mars, l'Irak acceptait finalement/a finalement accepté le cessez-le-feu dont les conditions définitives seraient/allaient être fixées le 3 avril.

101 M. Lajoie souhaite la bienvenue aux collègues présents à la réunion du Comité des Finances. L'ordre du jour est approuvé et il invite les participants à examiner les procès-verbal de la réunion précédente.

Mme Chouc fait deux remarques: elle signale une erreur de frappe p.2 et indique que le rapport dont il est fait mention p.5 et destiné à Mme Grosjean concerne plutôt Mme Laplace.

M. Duteil ayant avancé que les deux sont concernées, et sur approbation du Comité, M. Lajoie demande à Mme Chouc de se charger du double envoi. Il demande également la révision du procès-verbal.

102 'Merci, Monsieur, permettez-moi tout d'abord de vous adresser les remerciements du Comité pour cette invitation à Bruxelles. Je souhaite également saluer tous les délégués ici présents et tout particulièrement le représentant de la délégation portugaise qui ... Bienvenue également à M. Traberg, responsable des questions générales. Vous allez, je crois, présenter un exposé sur le phénomène des S.F.'

103 Je viens de me rendre compte de quelque chose ... Je dois changer de vie ... Que devrais-je faire à présent? ... Qu'est-ce qui donnera un vrai sens à ma vie? ... Comment faire pour réaliser mes rêves les plus fous? ... Qu'est-ce que je vais faire quand je serai grand? ... Que faire pour développer ma force morale? ... Comment dois-je m'y prendre pour rencontrer des femmes? ... et pour avoir une vie exaltante? ... Qu'est-ce que je ferais si j'étais débarrassé de mes peurs? ... Aurai-je jamais l'esprit serein? ... Par quels moyens emplir mes jours et mes nuits d'expériences exotiques? ... Pourrai-je vivre sans limites? ... Comment avoir une vie parfaite? ... Cher petit billet de loto, c'est toi qui as toutes les réponses.

104 1 polite request = Je vous prie de bien vouloir me passer le sel. 2 astonishment = Je suis sidéré(e) qu'il ait dit cela alors qu'elle l'avait giflé. 3 reprimand = C'est inadmissible de rentrer à des heures pareilles. 4 exasperation = Mon statut familial ne les regarde pas.

105
1 Hi, my name is Thomas, I'm an exchange student from Angers. Could you tell me where I can get a coffee?

   Salut Thomas, moi c'est Ross. Si tu veux, on va prendre un café ensemble, comme ça je te montre où c'est?

2 Good afternoon, I hope that you had a good trip and that you are settling in well. I am in charge of International Exchanges, and if you like, I'll be happy to help with the selection of courses for your time-table during your placement at Grenoble University.

   Bonjour Monsieur, enchantée de faire votre connaissance. Je m'appelle Julie Lambert et je viens de l'Université Heriot-Watt à Edimbourg. Je suis bien installée, merci, dans une des résidences universitaires, et je vous remercie de bien vouloir m'aider à élaborer mon emploi du temps.

3 I'll have to shoot now, I've got a class, with a class test too! So I'll see you later . . .
D'accord, bonne chance pour le test, je te retrouve comme prévu à la cité u vers six heures . . .

4 That's your attendance certificate, duly signed. I'd like to congratulate you for your record of attendance and active participation in my classes. I wish you every success with your academic studies. It's been a real pleasure, goodbye and all the best.
C'est moi qui vous remercie, car je dois dire que j'ai trouvé vos cours particulièrement pertinents et utiles. Au revoir Madame, et merci encore.

106

(i) . . . sont heureux d'annoncer la naissance de Clara . . ., une petite sœur pour David, le 12 juillet 2004. Tous nos remerciements au personnel médical de la maternité de . . .

– Chers amis, nous avons été très heureux d'apprendre la naissance de Clara et vous en félicitons . . .

(ii) . . . M. et Mme Morris de . . ., M. et Mme O'Connor de . . ., ont la joie de faire part des fiançailles de Simon et Lisa . . .

– A Simon et Lisa avec toutes mes félicitations et tous mes vœux à l'occasion de vos fiançailles . . . C'est avec le plus grand plaisir que j'accepte votre invitation à la réception . . .

(iii) M. et Mme Sinclair de . . ., et M. et Mme Thompson de . . ., sont très heureux de faire part du mariage de Neal et Isobel, qui sera célébré par le Révérend . . ., à l'église de . . . à Edimbourg le 10 juin 2004.

– Neal et Isobel, à l'occasion de votre mariage, nous vous adressons tous nos vœux de bonheur et de prospérité . . . Nous vous remercions de votre aimable invitation que nous regrettons de ne pouvoir accepter, étant donné que nous serons à l'étranger en juin . . .

(iv) Kirsty Matthews, son épouse, Hugh Matthews et Helen Matthews, ses enfants, ont la douleur de faire part du décès de John . . ., décédé le 2 septembre 2004. Une cérémonie religieuse sera célébrée le 6 septembre, à 11h 45, en la Chapelle de . . .

– Chère Kirsty, c'est avec une immense tristesse que j'ai appris le décès de John. Croyez bien que je suis de tout cœur avec vous et soyez assurée de ma sincère sympathie.

107

– Alice Pradier, Baudouin et Fils, bonjour! – Qui est à l'appareil? – Oui, vous pouvez me l'épelez, s'il vous plaît? . . . Merci, et c'est à quel sujet? – Restez en ligne, je vais voir s'il est disponible. – Désolée, M. Duhamel ne peut pas prendre la communication, il est en réunion. Voulez-vous laisser un message ou un numéro auquel il puisse vous joindre?

108

1 Excuse, j'ai pas fait exprès. J'vais t'aider, j'espère que c'est pas tout mélangé maintenant!

2 Excusez-moi, je suis désolée, je ne regardais pas où j'allais. Est-ce que je peux vous aider?

3 Veuillez m'excuser de ce retard, mais malheureusement l'autobus que j'ai pris ce matin est tombé en panne.

4 Pardonnez-moi, je suis vraiment confus(e) d'arriver si tard et croyez-bien que je m'efforcerai de rattraper mon retard. Je peux vous assurer que cela ne se reproduira pas.

5 Monsieur, veuillez noter, s'il vous plaît, que je ne serai pas en mesure d'assister à la réunion la semaine prochaine, en raison d'un rendez-vous médical qu'il m'est impossible de reporter. Je vous prie d'accepter mes excuses, et je souhaite que la réunion soit fructueuse.

6 J'espère que tu voudras bien me pardonner, car je ne pensais pas ce que j'ai dit évidemment. Si seulement je n'avais pas une aussi grande gueule quand j'ai un coup dans le nez!

109 (i) J'ai obtenu mon permis de conduire après seulement trois leçons. – Ah bon? . . . alors chapeau! (ii) J'adore manger du camembert avec du chocolat. – Berk, quelle horreur! (iii) Mon/ma propriétaire vient d'annoncer que le loyer serait doublé à partir du mois prochain. – Mon pauvre vieux, . . . c'est vraiment une honte que l'on traite les gens comme ça! (iv) J'ai entendu dire que le cannabis est vendu au comptoir dans les pubs britanniques. – Tu plaisantes!? . . . ça alors, première nouvelle! (v) J'ai obtenu une mention à la suite de mes résultats d'examens. – Compliments, c'est formidable!

110 (i) Je les adore./Rien ne vaut un film italien! (ii) Oui, j'aime bien le cinéma allemand, certains films en particulier m'ont beaucoup plu, mais j'ai quand même une nette préférence pour le cinéma italien. (iii) Ah non, moi pas du tout . . ., d'ailleurs c'est un film que je déteste! (iv) Excellente idée! (v) C'est comme tu veux, je n'ai aucune préférence, les deux sont excellents!

111 (i) J'adore les sports d'hiver à condition que ce soit dans les Alpes parce que les paysages sont magnifiques. (ii) J'aime bien manger des escargots une fois de temps en temps, par exemple à Noël. (iii) Personnellement, je déteste les films d'horreur car ils n'ont pour moi aucun intérêt. Je suis plutôt amateur de films d'action ou même de films d'art et d'essai. (iv) Au Salon de l'Auto, je n'éprouve aucune satisfaction à admirer les voitures de sport. En revanche, ce qui me plaît, c'est de regarder les camping cars. (v) Il m'est vraiment pénible de parcourir les supermarchés une fois par semaine pour faire les courses. J'aimerais mieux pouvoir commander par l'internet! (vi) Je dois admettre que j'éprouve parfois du plaisir à regarder la télé, même s'il me paraît préférable de lire. Rien ne vaut un bon roman! (vii) Les promenades à la campagne me plaisent plus que tout, surtout en compagnie de mes deux chiennes Terre-neuve . . .

112 A vous l'honneur!

113 ans, la, le, le, les, la, (et) l'. du, (et) du. au, les. l', l'. des, de/en, d'/en. de, des, du, du, (et) de (la). (l'), (le), (l').

114 1(i) Tout à fait d'accord! (ii) Je partage entièrement votre avis sur la question des tests nucléaires. 2(i) Non! (ii) Contrairement à l'auteur de cet article, je ne crois pas qu'il faille . . . 3(i) Vous plaisantez! (ii) A mon avis, il est inadmissible de préconiser l'interdiction de l'avortement. 4(i) C'est sûr! (ii) Vous avez raison de demander l'application de l'impôt sur les grandes fortunes. . . .

115 1 Un communiqué des services de police vient de nous parvenir, attestant que l'attentat de ce matin a fait 12 blessés. 2 Mesdames et messieurs les jurés, puis-je vous rappeler que les témoignages précédents vérifient également cette intrusion autour de 23h 00. 3 Non, on comprend pas M'dame parce qu'il a bien pris le bus avec nous ce matin! 4 M.J. a affirmé que c'était bien le cas/répondu par l'affirmative et indiqué que le rapport annuel avait effectivement été envoyé à tous les actionnaires.

116 1 Il est vrai que certains chômeurs ne souhaitent pas retrouver du travail, mais je pense qu'ils sont très peu nombreux et que la plupart donneraient beaucoup pour avoir un emploi.

2 Certes, la nouvelle galerie commerciale donnera 500 nouveaux emplois à la ville; cependant il ne fait aucun doute qu'elle en fera perdre bien davantage à l'issue des faillites de petits commerces qu'elle va immanquablement entraîner.

3 Je reconnais que tu as l'âge de prendre des décisions personnelles; cela dit, admets que tu n'aurais jamais dû acheter à ce prix une bagnole aussi pourrie!

4 A la suite d'une première erreur, vous nous avez effectivement envoyé une seconde facture en date du 2 octobre. Toutefois une seconde erreur étant apparue (voir document ci-joint), nous ne sommes malheureusement pas en mesure d'acquitter votre créance.

5 Il est certain que le bâtiment ne pourra pas être entièrement remis à neuf, n'empêche qu'il fait partie du patrimoine de la ville et qu'il n'y a donc aucune raison de le laisser se détériorer davantage.

117

1 Mais non, ce que je voulais dire c'est que tu dois t'organiser un peu mieux pour éviter de t'éparpiller dans toutes les directions. 2 Bien sûr que non, j'aurais dû préciser que je visais les hommes politiques corrompus, car il y en a quelques-uns qui ne le sont pas. 3 Je m'explique, Monsieur: vu votre âge, vous êtes tenu de reprendre quelques leçons de conduite pour une remise à jour.

118

You could argue like this: . . . je conçois qu'une telle somme puisse paraître considérable quand on parle de pistes cyclables, mais en réalité elle est négligeable par rapport au budget de construction des routes . . .

. . . encore heureux, il y a tout de même une majorité d'automobilistes, or on aménage de plus en plus de pistes cyclables, notamment à Londres et elles sont à peine utilisées! Cela me paraît inadmissible . . .

. . . Pardonnez-moi mais vous êtes totalement dans l'erreur. Ces pistes sont au contraire très utilisées, laissez-moi vous le démontrer en vous présentant quelques chiffres . . . Je sais que les automobilistes n'aiment pas les cyclistes – et le leur font bien sentir – mais alors séparons-les, créons des pistes et ainsi, les cyclistes seront également protégés . . .

. . . Contrairement à ce que vous insinuez, la plupart des automobilistes ne sont pas des enragés 'faisant la chasse' au cycliste, ce sont des citoyens honnêtes qui apportent leur contribution en payant la vignette. On ne peut pas en dire autant des cyclistes . . .

. . . Mais si, voyons! les cyclistes ne consomment que leur propre énergie, ils n'engendrent aucune pollution et l'aménagement des voies qu'ils demandent est fort peu coûteux par rapport aux investissements exigés par l'extension du réseau routier; sans parler des dommages causés à l'environnement . . .

. . . Ecoutez, vous avez votre opinion, moi la mienne. Personnellement, je pense qu'il serait beaucoup plus judicieux d'investir pour faciliter la circulation en ville, par exemple en améliorant les carrefours ou en créant des voies d'autobus.

119

Here are a few suggestions: 1 Je te conseille de bien sélectionner ton interlocuteur; crois-moi, si ton patron est satisfait de ton travail, il sera plus à l'écoute de ta revendication qu'un quasi-inconnu de la division du personnel. 2 Prépare bien tes arguments, en mettant en valeur tes réussites professionnelles, surtout si elles sont lucratives pour la société! 3 Peut-être serait-il bon aussi de recueillir des renseignements sur les niveaux de salaires à emploi égal et sur le taux d'inflation. 4 Tu devrais envisager de redéfinir ta fonction, par exemple en incluant plus de responsabilités, d'où une augmentation de salaire. Mais attention, il n'y a aucun intérêt à se montrer trop ambitieux! 5 Il faudrait choisir le bon moment, par rapport au budget annuel par exemple. 6 Réfléchis bien avant de menacer de démissionner, mais si tu es vraiment indispensable, alors cela pourrait être un argument très convaincant!

120 Forms: . . . pensez à (imperative + infinitive). Si . . . le préservatif est la meilleure protection (conditional clause + superlative form). Afin d' . . . il est recommandé d' (preposition + infinitive . . . impersonal verb). Si . . . adopter . . . c'est se protéger (conditional clause + infinitive = imperative, c'est + infinitive). Protégez-vous (imperative).

And some suggestions for rewriting the text: Si vous faites l'amour avec Gilles, il faut que vous pensiez à protéger Jérôme. Si vous pratiquez la pénétration anale entre hommes, vous avez tout intérêt à utiliser correctement le préservatif car il est la meilleure protection contre le virus du sida et les maladies sexuellement transmissibles. Pour éviter tout risque de rupture du préservatif, utilisez un gel à base d'eau, en vente dans les pharmacies et certaines grandes surfaces. Si vous avez plusieurs partenaires, il est recommandé d'adopter le préservatif; en faisant cela, vous vous protégez, vous et les autres. Pour en parler, vous pouvez vous adresser à . . . Ne pensez-vous pas qu'il est grand temps de vous protéger du sida?

121 1 Bonjour. Je voudrais prendre des vacances au soleil pendant la premiére quinzaine de décembre. Qu'est-ce que vous pouvez me proposer? 2 Je dois dire que j'ai vraiment envie de mer et de soleil pour ces vacances, et je préférerais qu'elles se passent ailleurs que dans une grande ville, alors plutôt la Gambie . . . 3 J'aurais bien pris une formule en demi-pension si possible parce que j'ai l'intention de faire des excursions, et donc je souhaite être libre entre le petit déjeuner et le dîner. 4 Bon, ça ira très bien parce que je tiens absolument à ce qu'il y ait le minimum d'obligations pendant ces vacances. J'aimerais savoir si vous pourriez m'envoyer le billet chez moi directement, ça m'arrangerait beaucoup . . . 5 Vous dites ça, mais la dernière fois j'avais demandé la même chose et le billet n'est jamais arrivé! Je sais que c'était involontaire mais tout de même . . . 6 Oui alors j'envisage de partir le samedi 2 et je comptais rentrer le week-end du 16–17 si possible.

A's expressions of volition: Qu'est-ce que je peux faire pour vous? . . . vous n'êtes pas fixé(e) sur une destination . . . vous désirez seulement une location . . .? . . . je ne peux pas le faire pour la Gambie . . . il nous est possible de vous proposer . . . pas de problème! . . . c'est comme si c'était fait . . .

122 Madame, Monsieur,

Etant donné que nous sommes en rupture de stock pour les vins blancs de Bourgogne, nous aimerions à nouveau passer commande. Veuillez nous faire parvenir 2 000 bouteilles immédiatement et nous souhaiterions que 1 500 bouteilles supplémentaires nous soient livrées dans un délai de deux mois. Nous vous serions reconnaissants de bien vouloir arranger la livraison par train et vous prions d'étiqueter clairement les caisses d'emballage. La direction envisage/forme actuellement le projet d'introduire le 'Beaujolais Nouveau' dans les points de vente et aimerait savoir/se demande si vous pourriez fournir ce type de vin. Pourriez-vous/auriez-vous donc l'amabilité de nous fournir des renseignements à ce sujet ainsi que vos catalogues et tarifs en vigueur? Je compte aller/j'ai l'intention d'aller bientôt en France pour affaires et désirerais vous rencontrer. Je vous saurais gré de me répondre au plus vite car j'aimerais prendre les dispositions nécessaires.

Veuillez agréer, Madame, Monsieur, mes salutations distinguées.

123 interdit, interdit aussi, est toujours permise. Selon la loi, pas un magazine, peut représenter. Il est aussi permis, interdit de représenter, peut utiliser, a droit à, ne peut, on doit pouvoir lire. On doit pouvoir lire aussi, doivent être, ne peut pas être.

124 Here are the forms in the letter, each followed by an alternative: vous allez effectuer/ vous êtes tenu(e) d'effectuer . . . En principe, votre stage sera d'une durée de/doit durer 4 mois. Je vous demande donc de/Veuillez donc prendre . . . le travail que nous aurons à/qu'il nous faudra faire . . . des cours que vous aurez à/que vous vous devez de suivre . . . veuillez choisir/il est nécessaire que vous choisissiez . . . vous êtes également autorisé(e)/il vous est également permis de suivre . . . il est indispensable/nous sommes obligés d'en tenir compte . . . Selon le/Conformément au nouveau règlement en vigueur . . . chaque étudiant est tenu/prié de remettre . . . et qui fera ressortir/dans ce rapport faites ressortir . . . Il devra comporter . . . et sera remis/Il comportera obligatoirement . . . et devra être remis . . . Il ne doit pas être confondu avec/A ne pas confondre avec . . .

125 2 Sur une peau qui rougit toujours et bronze parfois, vous devez absolument appliquer une crème à fort indice de protection. 3 Une crème solaire – indice 10 à 15 – est obligatoire pour les enfants dont la peau a parfois tendance à rougir. 4 Même si ta peau bronze toujours et ne rougit jamais, il est interdit de se présenter au club de la plage sans crème solaire. 5 Etant donné que votre peau est naturellement un peu pigmentée, vous êtes en droit d'acheter une crème à faible indice de protection.

126 Lorsque tu sors, coiffe-toi d'un chapeau ou d'une casquette, mets des lunettes solaires et enfile un T-shirt non mouillé. Remets du produit solaire plusieurs fois pendant la journée et n'oublie pas d'enduire ton nez, ton cou et tes oreilles.

127 1 appeal 2 wish 3 concession 4 order 5 assumption (or warning).

128 Mercredi matin, il est vraisemblable que de nombreux nuages bas ou localement des brouillards seront présents du Nord à l'Ardenne, au Centre, à l'ouest du Massif central et à la Bretagne; en cours de matinée, quelques éclaircies seront probablement de retour, mais les nuages pourraient être porteurs de quelques ondées près des côtes de la Manche. Sur l'Aquitaine, il y a des chances pour que le ciel reste (subjunctive) chargé avec des pluies faibles alors que les Pyrénées pourraient bien être sous les nuages avec de la pluie ou de la neige au-dessus de 2 000 mètres. La tramontane prévue sur le Languedoc-Roussillon permet d'envisager quelques éclaircies dans cette région. L'après-midi, il est à prévoir que le temps restera maussade et pluvieux sur la façade est du pays, avec des pluies localement orageuses sur l'extrême sud-est et la Corse. Partout ailleurs, il se pourrait que les passages nuageux alternent (subjunctive) avec de timides éclaircies, de plus, quelques averses sont à envisager du Cotentin au Nord et au Massif central.

129 1 Forms: devrait croître, pourrait atteindre, sera encore une année riche, sera commercialisée, pourrait ainsi gagner. 2(i) Une croissance modérée du marché européen est à prévoir/est prévue pour 1995. (ii) Il se peut que le niveau des immatriculations atteigne 2 000 000 de voitures particulières. (iii) 1995 pourrait bien être une année riche en lancements de nouveaux véhicules. (iv) Il y a de fortes chances que la 106 électrique soit commercialisée/il est probable que la 106 . . . sera . . . (v) Il n'est pas impossible qu'Automobiles Peugeot gagne ainsi de nouvelles parts de marché/ il est vraisemblable qu'A.P. gagnera ainsi . . .

130 1 Oui, peut-être, mais une amélioration de l'économie est envisagée; et on s'attend à ce que l'impulsion vienne vraisemblablement des Etats-Unis. 2 D'après les prévisions disponibles, il devrait y avoir un redressement de la demande en France, voire même éventuellement dans d'autres pays européens. En outre, il est envisagé que l'élimination probable du taux élevé de TVA pourra stimuler les ventes de véhicules dans les mois à venir. 3 Deux nouveaux modèles, la Citroën ZX et la Peugeot 106, devraient être lancés en Mars, ce qui sera sans aucun doute favorable au Groupe.

131 1 (i) L'économie aurait pu amorcer sa reprise si le chômage et l'inflation avaient été endigués. (ii) Selon cette théorie, l'économie française ne peut se redresser qu'à condition que l'on maintienne la politique du franc fort. 2 (i) Pour sûr qu'avec la sécheresse qu'on a eue, on aurait eu un peu de pluie que ça nous aurait donné une bonne vendange! (informal) (ii) Le Centre vinicole a accumulé des réserves de capital dans l'hypothèse où la qualité du vin serait moins bonne dans les années à venir. 3 (i) Il n'aurait sans doute pas sélectionné cette filière longue s'il n'était pas, comme beaucoup d'autres étudiants, soucieux de se donner les meilleures chances possibles pour intégrer le marché du travail. (ii) Les étudiants ont actuellement toutes les raisons de s'inquiéter pour leur avenir, à moins qu'on ne les prépare (subjunctive) aux réalités du monde du travail. 4 (i) Si la voiture n'était pas tombée en panne, je ne serais pas arrivée en retard au bureau. (ii) Supposons que son avion a/ait décollé à 6h 30 au lieu de 6h 00; dans ce cas elle va rater sa correspondance et elle n'y sera jamais à 8h 00.

132 Here are a few examples: – Etant donné qu'il pleut des cordes depuis trois jours, nous ne pourrons pas aller au zoo. (cause > consequence) – Le pique-nique sera annulé parce que sa bagnole est tombée en panne. (consequence < cause) – Sa bagnole est tombée en panne, elle a donc décidé de ne pas aller au marché. (cause > consequence) – Il pleut depuis trois jours et dès lors vous trouverez peut-être des champignons. (cause > consequence) – Comme il pleut des cordes depuis trois jours, il y a beaucoup d'humidité dans les salles de classe, et par conséquent de nombreux enfants sont souffrants. (cause > consequence > consequence) – Puisque sa bagnole est tombée en panne, elle a décidé de ne pas aller au marché, ce qui signifie que le pique-nique sera sans doute annulé. (cause > consequence > consequence). Et maintenant à vous l'honneur!

133 2 6 4 8 1 3 5 7.

134 Pendant l'année universitaire, je vis à Edimbourg, en Ecosse, tandis que chaque été, je me rends à Tours, dans la vallée de la Loire en France. A la différence d'Edimbourg, qui est encadrée de montagnes, Tours domine une région viticole plutôt plate. Située à une heure de Paris en TGV, Tours est la ville de province par excellence tandis qu'Edimbourg, centre financier et culturel, est la capitale de l'Ecosse. Bien que le climat soit plus clément en Touraine, il fait bon vivre en Ecosse pour plusieurs raisons . . .

135 quoique, n'en . . . pas moins, s'ils sont . . ., toutefois, s'il . . ., si . . ., cependant, mais.

136 C'est pour moi un grand plaisir que de vous souhaiter à tous la bienvenue dans cette magnifique ville d'Edimbourg, un an après notre assemblée générale à Madrid. Je suis particulièrement heureuse d'accueillir parmi nous les délégations portugaise et hongroise qui prendront part à nos débats pour la première fois. Je vous remercie de m'avoir accordé le privilège de présider la première séance de travail de cette conférence

portant sur les échanges d'étudiants. Telle est donc la question qui nous intéresse et que traitera le premier orateur de la matinée. Il s'agit de M. Bayrou. M. Bayrou, vous avez la parole pour prononcer le discours-programme . . .

Merci, M. Bayrou, vous avez abordé le thème qui nous préoccupe sous un angle très intéressant. Si vous le voulez bien, je souhaiterais maintenant passer au troisième point de l'ordre du jour, à savoir la répartition des délégués dans les différents ateliers. Enfin, je voudrais vous remercier de votre attention durant la séance plénière, et je souhaite que les débats tenus pendant les ateliers soient fructueux.

137 La démographie est aujourd'hui un sujet brûlant. C'est pourquoi un premier chapitre fera le point sur les plus récentes statistiques au niveau mondial, avant que le deuxième ne traite plus particulièrement des pays européens. Au chapitre 3, l'on se penchera sur la démographie en France, avant de consacrer le chapitre 4 à une étude de cas régionale qui vise à illustrer les tendances actuelles. Il faudra ensuite tirer les conclusions qui s'imposent en ce qui concerne les conséquences à long terme pour le pays: tel est le thème du cinquième et dernier chapitre de ce livre . . .

138 (i) Il y a lieu: – de verser . . . – de réviser . . . – d'envoyer . . . or Il y a lieu de recommander: – qu'un montant de . . . soit versé, – que les procédures soient révisées, – qu'un courrier soit envoyé . . .

(ii) Ceci met en relief la nécessité: – d'une meilleure information . . . – d'une campagne . . . – d'un complément de formation . . .

139 1 Sujet: Le système d'enseignement en France

Tel est le thème traité dans la présente dissertation. Une première section sera consacrée à l'enseignement primaire, une seconde au secondaire, et la troisième section portera sur l'enseignement supérieur. Par ailleurs, avant de conclure, il y aura lieu d'évoquer les principaux défis que pose le système dans la société française d'aujourd'hui.

Version orale:

Collègues, je souhaiterais aborder dans cet exposé la question de l'enseignement en France. Je propose de traiter cette question en quatre points, à savoir premièrement le secteur primaire, deuxièmement le secondaire, ensuite l'enseignement supérieur. Enfin, et avant de tirer les conclusions qui s'imposent, je voudrais, si vous le permettez, évoquer les défis importants que pose ce système d'enseignement dans la société française à l'heure actuelle.

2 34 A vous l'honneur!

Cross-references to *Modern French Grammar*

Ex refers to the number of the exercise in this book, and S refers to the numbered sections in *Modern French Grammar*.

Ex	S	Ex	S	Ex	S
1	1–4, 11, 21	34	40, 13, 14.3, 42.3	64	41.3
2	1–4	35	71.2c, 71.2j	65	53
3	49, 2.4b	36	42.3–7, 40.2, 50	66	53
4	8, 7, 2.4b, 49	37	27, 26, 31	67	53, 63
5	2, 4–5, 7, 12	38	32, 31	68	47.7–11, 53, 63.2
6	15	39	50.5, 51	69	4.1
7	15	40	51	70	47.7–11, 53, 63.2
8	15	41	51	71	47.7–11, 53, 63.2
9	12, 14	42	24, 25	72	72.1
10	8	43	16, 52	73	73
11	5	44	16, 52	74	Use a dictionary
12	5–6	45	16, 52	75	49, 2.4c
13	12, 7, 13, 22	46	16, 52	76	47.1–2, 49.4
14	11	47	51.c	77	47.1–2, 49.4, 2.4b
15	11.1	48	51.c	78	47.1–2, 49.4, 2.4b
16	11.13	49	33.1.1	79	47.1–2, 49.4
17	11.6–7	50	47.1–1.3, 47.6	80	49.3–4
18	10, 9.5	51	34–39	81	49
19	47.1, 47.13	52	39 (intro. para.)	82	49
20	17–19	53	39 (intro. para.),	83	49, 2.4b, 45.5–6
21	22, 42		39.2	84	15, 49
22	23, 24	54	39, 34 (intro.	85	49.5, 7, 8.2, 6.3a
23	43		para.)	86	49.5, 7, 8.2, 6.3a
24	15.1	55	35.1, 39.2.1–2,	87	17, 49.7b
25	24.4, 26.1.1		39.4	88	33, 15
26	24.3, 25, 30, 50.3	56	34 (intro. para.)	89	15
27	24–27, 29, 50	57	42	90	20, 49.6
28	26, 50.2	58	44–44.1.1	91	17–18, 21, 49.7
29	29	59	44, 45, 14.4d	92	17–21, 49.4, 49.7
30	42.2, 42.4	60	45.5.1	93	17–20, 49.7
31	42	61	45.5.1	94	17–20, 49.7
32	42.6–7	62	45.5.1	95	19, 21
33	42.3	63	41	96	49.10–11, 48.2, 2.4e

Index of grammar structures

References are to exercise numbers.

Index of functions

References are to exercises numbers, and to some of the grammar exercises

INDEX OF FUNCTIONS